ÉTIENNE DE LA BOÉTIE e HENRY DAVID THOREAU

COPYRIGHT © FARO EDITORIAL, 2023
Todos os direitos reservados.

Todos os textos de Étienne De La Boétie e Henry David Thoreau usados nesta edição encontram-se em domínio público.

Avis Rara é um selo da Faro Editorial.

Nenhuma parte deste livro pode ser reproduzida sob quaisquer meios existentes sem autorização por escrito do editor.

Diretor editorial **PEDRO ALMEIDA**
Coordenação editorial **CARLA SACRATO**
Tradução **ALEXANDRE PIRES VIEIRA E CLÁSSICOS JACKSON**
Preparação **TUCA FARIA E MONIQUE D'ORAZIO**
Revisão **BARBARA PARENTE E CRIS NEGRÃO**
Capa e diagramação **OSMANE GARCIA FILHO**
Imagem de capa **ANTIGA GRAVURA RETRATANDO O MOTIM DE TOMPKINS SQUARE PARK EM 1874 | KEITH LANCE | ISTOCK IMAGES**

Dados Internacionais de Catalogação na Publicação (CIP)
Jéssica de Oliveira Molinari CRB-8/9852

Boétie, Étienne De La, 1530-1563
   O tratado da desobediência civil : inclui o clássico sobre a servidão voluntária / Étienne De La Boétie, Henry David Thoreau . — São Paulo : Faro Editorial, 2023.
   96 p.

   ISBN 978-65-5957-290-8
   Título original: Discours de la servitude volontaire

   1. Ciência política 2. Desobediência civil 3. Resistência ao governo 4. Liberdade I. Título II. Thoreau, Henry David III. Levy, Eduardo

23-1121   CDD 300

Índice para catálogo sistemático:
1. Ciência política

1ª edição brasileira: 2023
Direitos de edição em língua portuguesa, para o Brasil, adquiridos por FARO EDITORIAL.

Avenida Andrômeda, 885 — Sala 310
Alphaville — Barueri — SP — Brasil
CEP: 06473-000
www.faroeditorial.com.br

SUMÁRIO

Apresentação   7

Discurso da servidão voluntária – Étienne de La Boétie   11

A desobediência civil — Henry David Thoreau   59

APRESENTAÇÃO

O volume que o leitor tem em mãos traz dois clássicos da defesa da liberdade do indivíduo contra a tirania do Estado. Que sejam clássicos, porém, não deve sugerir que *O discurso da servidão voluntária*, de Étienne de La Boétie, e *A desobediência civil*, de Henry David Thoreau, tenham mera importância histórica e documental. Numa época em que o poder do Estado adquiriu uma magnitude que nem Étienne de La Boétie nem Henry David Thoreau seriam capazes de conceber, as lições teóricas e práticas ensinadas por esses dois pioneiros da desobediência civil são mais relevantes do que nunca.

Tanto La Boétie quanto Thoreau partem da premissa básica de que o Estado só possui o poder que possui por consequência do consentimento, tácito ou explícito, daqueles sobre os quais o exerce. Assim, para acabar com o seu poder, basta retirar-lhe esse consentimento:

> Resolvam não servir mais, e serão imediatamente libertados. Não peço que coloquem as mãos sobre o tirano para derrubá-lo, mas simplesmente que não o apoiem mais; desse modo o observarão, como um

grande colosso cujo pedestal foi arrancado, cair de seu próprio peso e quebrar-se em pedaços. (*Discurso da servidão voluntária*)

Se La Boétie fornece a fórmula conceitual para a desobediência civil, Thoreau fornece o exemplo concreto. Com a experiência de ter sido preso por negar-se a pagar o imposto individual (o equivalente da época ao nosso imposto de renda) e a reconhecer o Estado que o cobrava, Thoreau ensina que "sob um governo que prende qualquer homem injustamente, o verdadeiro lugar para um homem justo é também a prisão", já que "o Estado nunca confronta intencionalmente o sentimento intelectual ou moral de um homem, mas apenas seu corpo", isto é, o Estado pode destruir o corpo de um homem, mas não a sua alma.

Eis, pois, a fórmula da desobediência civil: negar-se a reconhecer o governo tirano e arcar heroicamente com as consequências. Por esse meio, a "minoria indefesa" se torna "irresistível quando intervém com todo o seu peso". Basta que um punhado de pessoas justas deixe de pagar seus impostos para que ocorra "uma revolução pacífica", já que o Estado não poderá "manter todos os homens justos na prisão". E esta "não seria uma iniciativa tão violenta e sanguinária quanto o próprio pagamento, pois neste caso o Estado fica capacitado para cometer violências e para derramar o sangue dos inocentes".

Os dois ensaios clássicos prestes neste volume são, portanto, complemento natural um do outro: La Boétie assenta as bases teóricas para aquilo que Thoreau ensina a executar na prática. Para quem quer que lute pelas liberdades individuais em um mundo no qual a tirania do Estado avança a passos cada vez mais largos, a leitura deles é não somente recomendável, mas obrigatória.

Eduardo Levy

O TRATADO DA DESOBEDIÊNCIA CIVIL

DISCURSO DA SERVIDÃO VOLUNTÁRIA

ÉTIENNE DE LA BOÉTIE

TRADUÇÃO:
ALEXANDRE PIRES VIEIRA

INTRODUÇÃO

Discurso da servidão voluntária, de Étienne de La Boétie (1530-1563), é uma análise política sobre a obediência. Aqui vemos a afirmação de que estados e governos são mais vulneráveis do que as pessoas imaginam e podem entrar em colapso em um instante: assim que o consentimento dos governados é retirado. Essa é a fascinante tese defendida por La Boétie.

Em tempos em que corporações e governos ampliam de forma nunca antes imaginada o controle e o poder sobre a população, este livro, escrito há quase quinhentos anos, é verdadeiramente o traço profético de nossos tempos.

Étienne de La Boétie nasceu de uma família aristocrática em Sarlat-la-Canéda, no sudoeste da França, e se tornou um estimado amigo de Michel de Montaigne. Mas La Boétie deve ser lembrado por este ensaio surpreendentemente importante, que é um dos maiores da história do pensamento político, escrito quando ele tinha apenas dezoito anos de idade. Sua tese e seu argumento são a melhor resposta a Maquiavel, bem como um dos ensaios fundamentais em defesa da liberdade.

No texto, a natureza do Estado é investigada. O autor mostra seu assombro ao perceber como uma pequena minoria cria regras e reivindica autoridade para governar todos os outros, mantendo o monopólio da lei. Parece-lhe implausível que tal instituição tenha qualquer poder real, pois pode ser derrubada em um instante, bastando para isso as pessoas simplesmente retirarem seu consentimento ao governo.

La Boétie, então, investiga o mistério que faz as pessoas não se recusarem a obedecer, dado que é óbvio para ele que todos estariam melhor sem o Estado. Isso o envia numa jornada especulativa para investigar o poder da propaganda, do medo e da ideologia em fazer com que as pessoas se conformem com sua própria sujeição. Seria covardia? Talvez. Hábito e tradição? Pode ser. Ou quem sabe seja ilusão ideológica e confusão intelectual. Segundo La Boétie, o governante cria uma pirâmide ilusória e transfere um pouco do poder para meia dúzia de tenentes, que repetem o processo. Esses subalternos, achando que realmente têm algum poder, submetem os abaixo deles com mão forte. Assim, o Estado submete uns por intermédio dos outros, e dá razão ao adágio que diz ser a lenha rachada com cunhas feitas da mesma madeira. Para o autor, ninguém deve trabalhar para o Estado, pois mesmo homens de caráter, com boas intenções, se tornam instrumentos da tirania e logo experimentam os efeitos dessa tirania sobre si mesmos, para cujo exemplo ele cita Sêneca, Burro e Trásea* no principado de Nero.

La Boétie prossegue, argumentando por que todos devem retirar imediatamente seu consentimento ao governo. Ele exorta todas

---

* Lúcio Aneu Sêneca, Sexto Afrânio Burro e Públio Clódio Trásea Peto, os principais assessores de Nero, responsáveis pelos excelentes cinco primeiros anos de seu principado. Ver Sêneca, *Vida e Filosofia*. (N. do T.)

as pessoas a se erguer e a abandonar a tirania simplesmente recusando-se a admitir que o Estado está no comando. Para ele, o tirano não tem nada mais do que "o poder que vocês lhe conferem para destruí-los".

> *Onde ele iria adquirir olhos suficientes para espioná-los, se vocês mesmos não os fornecessem? Como ele pode ter tantos braços para bater em vocês, se não os pega emprestados de vocês? Os pés que pisam em suas cidades, onde ele os adquire, se não são seus próprios pés? Como ele tem qualquer poder sobre vocês a não ser através de vocês?*

Então, apresenta estas palavras inspiradoras:

> *Resolvam não servir mais, e serão imediatamente libertados. Não peço que coloquem as mãos sobre o tirano para derrubá-lo, mas simplesmente que não o apoiem mais; desse modo o observarão, como um grande colosso cujo pedestal foi arrancado, cair de seu próprio peso e quebrar-se em pedaços.*

Em todas estas áreas, o autor antecipou Jefferson, Thoreau, Arendt, Gandhi, Luther King e aqueles que derrubaram a tirania soviética. O ensaio tem profunda relevância para a compreensão da história como o grande inspirador da desobediência civil.

Como Rothbard* escreve em sua famosa introdução:

> *O discurso de La Boétie tem uma importância vital para o leitor moderno — uma importância que vai além do puro prazer de ler uma grande e*

---

* Murray Newton Rothbard (Nova York, 2 de março de 1926 — Nova York, 7 de janeiro de 1995) foi um economista norte-americano da Escola Austríaca, historiador e filósofo que ajudou a definir o conceito moderno de libertarianismo.

seminal obra sobre filosofia política ou, para o libertário, de ler o primeiro filósofo político libertário.

Para La Boétie, o problema que todos os adversários do despotismo encontram de forma particularmente difícil é de estratégia. Diante do poder devastador e aparentemente avassalador do Estado moderno, como se pode criar um mundo livre e diferente? Como é possível ir de um mundo de tirania para um mundo de liberdade? Com sua metodologia abstrata e atemporal, La Boétie oferece perspectivas vitais sobre este eterno problema.

Alexandre Pires Vieira

Discurso da Servidão Voluntária

Não vejo nenhum bem em ter vários senhores;
Que um só seja senhor, que um só seja rei.

Estas são as palavras que Homero coloca na boca de Ulisses, quando ele se dirige ao povo. Se ele não tivesse dito nada mais que "Não vejo nenhum bem em ter vários senhores", teria sido perfeito.

Por uma questão de lógica, ele deveria ter mantido que a regra de vários não poderia ser boa, já que até mesmo o poder de um só homem, assim que ele adquire o título de líder, torna-se abusivo e irracional. Em vez disso, ele declarou o que parece absurdo: "Que um só seja senhor, que um só seja rei".

Não devemos criticar Ulisses, que naquele momento talvez tenha sido obrigado a pronunciar estas palavras para reprimir um motim no exército, por esta razão, em minha opinião, escolhendo a linguagem para atender à emergência em vez da verdade. No entanto, à luz da razão, é uma grande desgraça estar às ordens de um líder, pois é impossível ter certeza de que ele será gentil, pois está sempre em seu poder ser cruel quando desejar. Quanto a ter vários líderes, isso equivale a ser tantas vezes infeliz.

Embora eu não queira neste momento discutir esta questão tão debatida, ou seja, se outros tipos de governo são preferíveis à monarquia, gostaria de saber, antes de lançar dúvidas sobre o lugar que a monarquia deveria ocupar entre as sociedades comuns, se ela pertence ou não a tal grupo, pois é difícil acreditar que exista algo de comum na riqueza de um país onde tudo pertence a um só líder. Essa questão, entretanto, pode permanecer por mais um tempo e realmente exigiria um tratamento separado envolvendo, por sua própria natureza, todo tipo de discussão política.

Por enquanto, gostaria apenas de entender como acontece que tantos homens, tantas aldeias, tantas cidades, tantas nações, às vezes sofrem sob um único tirano que não tem outro poder além do poder que eles lhe dão; que só é capaz de prejudicá-los na medida em que eles têm a vontade de aceitá-lo; que não poderia causar-lhes absolutamente nenhum dano, a menos que eles preferissem aceitá-lo em vez de contradizê-lo. Certamente uma situação impressionante! No entanto, é tão comum que é preciso lamentar mais e maravilhar-se menos com o espetáculo de um milhão de homens servindo na miséria, seus pescoços sob o jugo, não constrangidos por uma multidão maior do que eles, mas simplesmente, ao que parece, encantados e maravilhados com o nome de um único homem cujo poder não precisam temer, pois ele é evidentemente a única pessoa cujas qualidades não podem admirar por causa de sua desumanidade e brutalidade para com eles. Uma fraqueza característica da espécie humana é que muitas vezes temos que obedecer à força; temos que fazer concessões; nós mesmos nem sempre podemos ser os mais fortes.

Portanto, quando uma nação é constrangida pela sorte da guerra a servir a um único grupo, como aconteceu quando a cidade de Atenas serviu aos Trinta Tiranos,* não se deve ficar surpreso que a

---

* A Tirania dos Trinta (em grego, οἱ Τριάκοντα, hoi Triakonta) foi um governo oligárquico de Atenas composto por trinta magistrados chamados tiranos, que sucedeu à democracia ateniense ao final da Guerra do Peloponeso, durante menos de um ano, em 404 a.C. (N. do T.)

DISCURSO DA SERVIDÃO VOLUNTÁRIA

nação obedeça ou simplesmente entristecer-se com a situação; o melhor, em vez de ficar surpreso ou triste, é considerar pacientemente o mal e olhar em frente com esperança em direção a um futuro mais feliz.

Nossa natureza é tal que os deveres comuns das relações humanas ocupam uma grande parte do curso de nossa vida. É razoável amar a virtude, estimar as boas ações, ser grato pelo bem de qualquer fonte que possamos recebê-lo e, muitas vezes, abrir mão de algum de nosso conforto para aumentar a honra e a vantagem de algum homem que amamos e que o merece. Portanto, se os habitantes de um país encontraram algum grande personagem que demonstrou rara previdência em protegê-los numa emergência, rara ousadia em defendê-los, rara solicitude em governá-los, e se, a partir daí, eles contraem o hábito de obedecê-lo e depender dele a tal ponto que lhe concedem certas prerrogativas, temo que tal procedimento não seja prudente, na medida em que o afastam de uma posição em que estava fazendo o bem e o elevam a uma dignidade na qual ele pode fazer o mal. Certamente, enquanto ele continua a manifestar a boa vontade, não é preciso temer nenhum mal de um homem que parece estar geralmente bem-disposto.

Mas, ó bom Deus! Que fenômeno estranho é esse? Que nome devemos dar a ele? Qual é a natureza desse infortúnio? Qual é o vício, ou melhor, qual a degradação? Ver uma infinita multidão não apenas obedecendo, mas levada ao servilismo? Não governada, mas tiranizada? Esses infelizes não têm riqueza, nem parentes, nem esposa, nem filhos, nem mesmo a própria vida que eles podem chamar de sua. Eles sofrem pilhagens, arbitrariedades, crueldade, não de um exército, não de uma horda bárbara, por quem devem derramar seu sangue e sacrificar suas vidas, mas de um único homem; não de um Hércules ou de um Sansão, mas de um único homenzinho. Muito frequentemente esse mesmo homenzinho é o mais covarde e efeminado da nação, um estranho ao pó da batalha e hesitante nas areias do torneio; não apenas sem energia para dirigir os homens pela força, mas com pouca virilidade para dormir com uma mulher comum!

Devemos chamar de covardia a submissão a um líder assim? Devemos dizer que aqueles que o servem são covardes e hesitantes? Se dois, se três, se quatro não se defenderem de um, podemos chamar essa circunstância de surpreendente, mas ainda assim concebível. Em tal caso, pode ser justificada a suspeita de falta de coragem. Todavia, se cem, se mil suportam o capricho de um único homem, não deveríamos antes dizer que lhes falta não a coragem, mas o desejo de se levantar contra ele, e que tal atitude indica indiferença em vez de covardia? Quando não cem, não mil homens, mas cem províncias, mil cidades, um milhão de homens se recusam a atacar um único homem do qual o tratamento mais bondoso recebido é o influxo da servidão e da escravidão, como chamaremos isso? É covardia? É claro que há em cada vício inevitavelmente algum limite além do qual não se pode ir.

Dois, possivelmente dez, podem temer um; mas quando mil, um milhão de homens, mil cidades não conseguem se proteger contra o domínio de um homem, isso não pode ser chamado de covardia, pois a covardia não afunda a tal profundidade, assim como o valor não pode ser chamado de esforço de um indivíduo para escalar uma fortaleza, para atacar um exército ou para conquistar um reino. Que vício monstruoso, então, é esse que não merece sequer ser chamado de covardia, um vício para o qual nenhum termo suficientemente vil pode ser encontrado, que a própria natureza nega e nossas línguas se recusam a nomear?

DISCURSO DA SERVIDÃO VOLUNTÁRIA

Colocar de um lado cinquenta mil homens armados, e do outro o mesmo número; deixá-los participar da batalha, um lado lutando para manter sua liberdade, o outro, para tirá-la; a qual você, por acaso, prometeria a vitória? Que homens você acha que marchariam mais galantemente para combater — aqueles que antecipam como recompensa por seu sofrimento a manutenção de sua liberdade ou aqueles que não podem esperar nenhum outro prêmio pelos golpes trocados do que a escravidão dos outros? Um lado terá diante de seus olhos as bênçãos do passado e a esperança de uma alegria semelhante no futuro; seus pensamentos se deterão menos sobre a dor relativamente breve da batalha do que sobre o que eles podem ter que suportar para sempre, eles, seus filhos e toda sua posteridade. O outro lado não tem nada que o inspire de coragem, exceto o fraco impulso da ganância, que se desvanece diante do perigo e que nunca poderá ser tão aguçado, parece-me, que não se desanimará com a menor gota de sangue das feridas. Considere as justamente famosas batalhas de Milcíades, Leônidas e Temístocles,* ainda hoje frescas na história e na mente dos homens como se tivessem ocorrido ainda ontem, batalhas travadas na Grécia pelo bem-estar dos gregos e como um exemplo para o mundo. Que poder você acha que deu a um punhado tão pequeno de homens não a força, mas a coragem de resistir ao ataque de uma frota tão vasta que até os mares foram sobrecarregados, e de derrotar os exércitos de tantas nações, exércitos tão imensos que seus oficiais, sozinhos, superaram em número toda a força grega? O que foi senão o fato de que, naqueles gloriosos dias, essa luta representava não tanto uma luta dos gregos contra os

---

* Milcíades, Leônidas e Temístocles: referência aos heróis das Guerras Médicas, como se designam os conflitos entre os antigos gregos e o Império Aquemênida durante o século V a.C., de 499 até 449 a.C. (N. do T.)

persas, mas uma vitória da liberdade sobre a dominação, da liberdade sobre a ganância?

Surpreende-nos ouvir relatos do valor que a liberdade desperta nos corações daqueles que a defendem; mas quem poderia acreditar em relatos do que acontece todos os dias entre os habitantes de alguns países, quem poderia realmente acreditar que apenas um homem pode maltratar cem mil e privá-los de sua liberdade? Quem acreditaria em tal relato se ele apenas o ouvisse sem estar presente para testemunhar o evento? E se essa condição ocorresse apenas em terras distantes e nos fosse relatada, qual de nós não assumiria a história como imaginada ou inventada, e não realmente verdadeira? Obviamente não há necessidade de lutar para superar esse único tirano, pois ele é automaticamente derrotado se o país se recusar a consentir com sua própria escravidão: não é necessário privá-lo de nada, mas simplesmente não lhe dar nada; não há necessidade de que o país empreenda um esforço para realizar algo por si mesmo, desde que não faça nada contra si mesmo. São, portanto, os próprios habitantes que permitem, ou melhor, provocam sua própria sujeição, pois ao deixarem de se submeter poriam um fim a sua servidão. Um povo se escraviza, corta sua própria garganta quando, tendo a escolha entre ser vassalo ou ser homem livre, deserta suas liberdades e assume o jugo, dá consentimento a sua própria miséria, ou melhor, aparentemente a acolhe. Se custasse ao povo alguma coisa para recuperar sua liberdade, eu não insistiria mais; embora não haja nada pelo que um humano deva ter mais apreço do que a restauração do próprio direito natural para mudar a si mesmo de uma besta de carga de volta para um homem, por assim dizer. Não exijo dele tanta ousadia; deixe-o preferir a segurança duvidosa de viver miseravelmente à esperança incerta de viver como lhe apraz. O que, então? Se para ter liberdade nada mais é necessário do que ansiar por ela, se

DISCURSO DA SERVIDÃO VOLUNTÁRIA

apenas um simples ato de vontade é necessário, existe alguma nação no mundo que considera um único desejo um preço demasiado alto para pagar a fim de recuperar direitos que deveria estar pronta a resgatar à custa de seu sangue, direitos tais cuja perda deve levar todos os homens de honra ao ponto de sentir a vida insuportável, e a própria morte, uma libertação?

Todos sabem que o fogo de uma pequena faísca aumentará e arderá cada vez mais, desde que encontre madeira para queimar; no entanto, embora sem ser apagado pela água, mas simplesmente por não encontrar mais combustível para se alimentar, ele se consome, morre, e não é mais uma chama. Da mesma forma, quanto mais os tiranos pilham, mais anseiam, mais arruínam e destroem; quanto mais alguém cede a eles e os obedece, tanto mais poderosos e formidáveis se tornam, mais prontos para aniquilar e destruir. Mas se não lhes é cedida uma coisa, se, sem nenhuma violência, eles simplesmente não são obedecidos, ficam nus e desfeitos e passam a ser nada, assim como, quando a raiz não recebe alimento, o ramo murcha e morre.

Para alcançar o bem que desejam, os ousados não temem o perigo; os inteligentes não se recusam a sofrer. São os estúpidos e os covardes que não são capazes de suportar as dificuldades nem de reivindicar seus direitos; eles param de aspirar por sua própria covardia, e perdem, devido ao medo, o valor despertado pelo esforço de reivindicar seus direitos, embora o desejo de desfrutá-los ainda permaneça como parte de sua natureza. Um desejo comum aos sábios e aos tolos, aos valentes e aos covardes, é esse desejo por todas aquelas coisas que, quando adquiridas, os fariam felizes e contentes. No entanto, um elemento parece estar faltando. Não sei como acontece que a natureza não coloca no coração dos homens um ardente desejo de liberdade, uma bênção tão grande e tão desejável que, quando é perdida, todos os males seguem depois, e até mesmo as bênçãos que permanecem perdem o gosto e o sabor por causa de sua corrupção pela servidão. A liberdade é a única alegria sobre a qual os homens não parecem insistir; pois certamente se eles de fato a quisessem, a receberiam. Pelo visto, eles recusam esse maravilhoso privilégio porque ele pode ser tão facilmente adquirido.

Pobres, miseráveis e estúpidos povos, nações determinadas por seu próprio infortúnio e cegas ao seu próprio bem! Vocês se deixam privar diante dos próprios olhos da melhor parte de suas riquezas; seus campos são saqueados, seus lares, roubados, suas heranças de família, tomadas. Vocês vivem de tal forma que não podem reivindicar uma única coisa como sua; e parece que se consideram bem-a-venturados por serem privados de seus bens, de suas famílias e de suas próprias vidas. Todo esse caos, essa desgraça, essa ruína recai sobre vocês não de inimigos estrangeiros, mas do único inimigo que vocês mesmos tornam tão poderoso, aquele pelo qual vão corajosa-mente para a guerra, por cuja grandeza não recusam oferecer os pró-prios corpos até a morte. Aquele que assim os domina tem apenas dois olhos, apenas duas mãos, apenas um corpo, que são possuídos por não mais do que o menor homem entre os infinitos que habitam em suas cidades; ele de fato não tem nada mais do que o poder que vocês lhe conferem para destruí-los. Onde ele iria adquirir olhos su-ficientes para espioná-los se vocês mesmos não os fornecessem? Como ele pode ter tantos braços para bater em vocês se não os pega emprestados de vocês? Os pés que pisam em suas cidades, onde ele os adquire se não são os seus próprios pés? Como ele tem qualquer poder sobre vocês a não ser através de vocês? Como ele ousaria ata-cá-los se não tivesse nenhuma cooperação sua? O que ele poderia fazer com vocês se vocês mesmos não fossem cúmplices do assassi-no que os mata, se vocês não fossem traidores de si mesmos? Vocês

DISCURSO DA SERVIDÃO VOLUNTÁRIA

semeiam suas colheitas a fim de que ele as devore; vocês instalam e equipam suas casas para dar-lhe bens para pilhar; vocês criam suas filhas para que ele possa satisfazer sua luxúria; vocês criam seus filhos a fim de que ele lhes confira o maior privilégio que ele conhece — serem levados para suas batalhas, serem entregues ao matadouro, serem feitos servos de sua ganância e instrumentos de sua vingança; vocês cedem seus corpos ao trabalho árduo para que ele possa se entregar às suas delícias e chafurdar em seus prazeres imundos; vocês se enfraquecem para torná-lo o mais forte e mais poderoso, a fim de mantê-los sob controle. De todas essas indignidades, as quais nem bestas de carga suportariam, vocês podem se livrar se tentarem, não agindo, mas simplesmente desejando ser livres. Resolvam não servir mais e serão imediatamente libertados. Não peço que coloquem as mãos sobre o tirano para derrubá-lo, mas simplesmente que não o apoiem mais; então o observarão, como um grande colosso cujo pedestal foi arrancado, cair de seu próprio peso e quebrar-se em pedaços.

Os médicos sem dúvida estão certos ao nos advertir para não tocarmos em feridas incuráveis; e eu estou presumivelmente correndo riscos na minha pregação, como faço com um povo que há muito perdeu toda a sensibilidade e, não mais consciente de sua enfermidade, está claramente sofrendo de doença mortal. Entendamos por lógica, se pudermos, a forma como essa obstinada disposição de submissão se tornou tão profundamente enraizada a ponto de o próprio amor à liberdade agora parecer não ser mais natural.

Em primeiro lugar, todos concordariam que, se conduzíssemos nossas vidas de acordo com os caminhos pretendidos pela natureza e as lições por ela ensinadas, deveríamos ser intuitivamente obedientes a nossos pais; mais tarde, deveríamos adotar a razão como nosso guia e jamais tornarmo-nos escravos de alguém. Quanto à obediência dada instintivamente ao pai e à mãe, estamos de acordo, cada um admitindo-se como um modelo. Quanto à razão nascer conosco ou não, esta é uma questão discutida em voz alta pelos acadêmicos e tratada por todas as escolas de filósofos. Por ora, acho que não erro ao afirmar que há em nossas almas alguma semente nativa da razão que, se nutrida por bons conselhos e treinamento, floresce em virtude, mas que, por outro lado, se incapaz de resistir aos vícios que a cercam, é sufocada e arruinada. Mas certamente se há algo neste mundo claro e óbvio, ao qual não se pode fechar os olhos, é o fato de que a natureza, serva de Deus, governante dos homens, nos fundiu a todos no mesmo molde, para que possamos contemplar uns aos outros companheiros, ou melhor, irmãos. Se, ao distribuir seus dons, a natureza favoreceu uns mais do que outros com respeito ao corpo ou ao espírito, ela não planejou nos colocar dentro deste mundo como se fosse um campo de batalha, e não dotou os mais fortes ou os mais espertos para que possam agir como bandidos armados em uma floresta e atacar os mais fracos. Devemos antes concluir que, ao distribuir quotas maiores para uns e quotas menores para outros, a natureza pretendeu dar ocasião para que o amor fraterno se manifestasse, tendo alguns de nós a força para dar ajuda a outros que dela necessitem. Assim, uma vez que esse tipo de mãe nos deu o mundo inteiro como um lugar de moradia, nos alojou na mesma casa, nos moldou de acordo com o mesmo modelo para que, ao nos vermos uns aos outros, quase pudéssemos nos reconhecer; uma vez que ela nos concedeu a todos o grande dom da voz e do discurso para o relacionamento fraterno, conseguindo assim, pela declaração comum e mútua de nossos pensamentos, uma comunhão de nossas vontades; e já que ela tentou de todas as maneiras estreitar e fortalecer os laços de nossa união e parentesco; já que ela revelou de todas as maneiras possíveis sua intenção, não tanto de nos associar,

DISCURSO DA SERVIDÃO VOLUNTÁRIA

mas de fazer de nós um todo orgânico — não pode haver mais dúvidas de que somos todos naturalmente livres, uma vez que somos todos correligionários. Assim, não deve ocorrer na mente de ninguém que a natureza tenha colocado alguns de nós na escravidão, uma vez que ela realmente nos criou a todos de uma só forma.

Portanto, é inútil discutir se a liberdade é natural ou não, pois ninguém pode ser mantido na escravidão sem ser injustiçado: e não há nada no mundo mais contrário à natureza, que é inteiramente razoável, que a injustiça. Como a liberdade é nosso estado natural, não só estamos de posse dela como temos o desejo de defendê-la. Agora, se por acaso alguns lançam dúvidas sobre esta conclusão e são tão corruptos que não são capazes de reconhecer seus direitos e tendências inatas, terei que lhes dar a honra que merecem e colocar animais brutos no púlpito para lançar luz sobre sua natureza e condição. Os próprios animais, Deus me ajude, se os homens não forem muito surdos, gritem para eles: "Viva a liberdade!". Muitos entre eles morrem assim que são capturados: como o peixe que perde a vida no momento em que deixa a água, também essas criaturas fecham os olhos para a luz e não têm nenhum desejo de sobreviver à perda de sua liberdade natural. Se os animais constituíssem seu reino por ordem, sua nobreza seria escolhida a partir deste tipo. Outros, do maior para o menor, quando capturados resistem tão fortemente por meio de garras, chifres, bico e patas que mostram claramente como se agarram ao que estão perdendo; depois, em cativeiro, manifestam por tantos sinais evidentes a consciência de seu infortúnio que é fácil ver que estão definhando em vez de vivendo, e continuam sua existência mais no lamento de sua liberdade perdida do que no gozo de sua servidão. O que mais pode explicar o comportamento do elefante que, após defender-se até o último grama de suas forças e sabendo-se a ponto de ser apanhado, trava suas mandíbulas contra as árvores e quebra suas presas, manifestando assim seu desejo de permanecer livre como estava e provando sua inteligência e capacidade de subornar os caçadores na esperança de que, através do sacrifício de suas presas, lhe seja permitido oferecer seu marfim como resgate por sua liberdade? Alimentamos o cavalo desde o nascimento, a fim de treiná-lo para fazer nosso desejo. No entanto, ele é domado com tanta dificuldade que, quando começamos a domá-lo, ele morde o freio, como que para revelar seu instinto e mostrar por suas ações que, se obedece, ele o faz não de sua livre vontade, mas sob coação. O que mais podemos dizer? "Até os bois sob o jugo andam gemendo, e na gaiola as aves choram", como o expressei algum tempo atrás, brincando com nossa poesia francesa. Pois não hesitarei em escrever-lhe, ó Longa,* para lhe apresentar alguns de meus versos, que eu nunca lhe li por causa de seu óbvio encorajamento, o que muito provavelmente me deixará presunçoso. E agora, já que todos os seres, porque sentem, sofrem miséria na submissão e anseiam pela liberdade; já que os próprios animais, embora feitos para o serviço do homem, não podem se acostumar a ser controlados sem protesto, que má sorte desnaturou tanto o homem que ele, a única criatura realmente nascida para ser livre, carece da memória de sua condição original e do desejo de retornar a ela?

Há três tipos de tiranos; alguns recebem sua posição de destaque através de eleições pelo povo, outros pela força das armas, outros pela herança. Aqueles que adquiriram o poder por meio da

---

* Quando La Boétie chegou a Bordeaux para assumir um cargo de magistrado, ele encontrou Longa, o magistrado anterior, ainda lá. La Boétie então "revisa seu manuscrito para incluir o nome de Longa como um amante da poesia, para homenageá-lo". Afirmação de Harry Kurz, "Montaigne e La Boétie no capítulo sobre a amizade", *Publications of the Modern Language Association of America*, vol. 65, nº 4 (junho de 1950) p. 486. (N. do T.)

DISCURSO DA SERVIDÃO VOLUNTÁRIA

guerra agem de forma tão judiciosa que é evidente que governam um país conquistado. Aqueles que nascem para a realeza não são melhores, porque se alimentam do peito da tirania, sugam com seu leite os instintos do tirano e consideram o povo sob eles como seus servos herdados; e de acordo com sua disposição individual, avarento ou pródigo, tratam seu reino como sua propriedade. Aquele que recebeu o estado do povo, entretanto, deveria ser, parece-me, mais suportável, e o seria, não fosse o fato de que, tão logo se veja superior aos demais, lisonjeado por aquela qualidade que chamamos de grandeza, ele planeja nunca desistir de sua posição. Tal homem geralmente determina transmitir a seus filhos a autoridade que o povo lhe conferiu; e uma vez que seus herdeiros tomaram esta atitude, é estranho até onde eles superam outros tiranos em todos os tipos de vícios, e especialmente na crueldade, porque eles não encontram outro meio de impor essa nova tirania do que apertar o controle e afastar seus súditos de qualquer noção de liberdade que, mesmo estando fresca na memória, logo será erradicada. No entanto, para falar com precisão, percebo que há alguma diferença entre estes três tipos de tirania, mas quanto a declarar uma preferência, não posso conceder que haja alguma. Pois embora os meios para chegar ao poder sejam diferentes, o método de governar ainda é praticamente o mesmo; aqueles que são eleitos agem como se estivessem domando novilhos; aqueles que são conquistadores fazem do povo sua presa; aqueles que são herdeiros planejam tratá-los como se fossem seus escravos naturais.

Em conexão com isso, imaginemos alguns indivíduos recém--nascidos, que não conhecem a escravidão nem desejam a liberdade, ignorando de fato as próprias palavras. Se lhes fosse permitido optar entre ser escravos e homens livres, qual seria sua escolha? Não há dúvida de que eles preferiram ser guiados pela própria razão do que ser ordenados pelos caprichos de um único homem. A única exceção possível poderiam ser os israelitas, que, sem nenhuma compulsão ou necessidade, nomearam um tirano. Nunca consigo ler sua história sem me enfurecer e até mesmo sem ser suficientemente desumano para encontrar satisfação nas muitas mazelas que os afligiram por esse motivo. Mas certamente todos os homens, enquanto permanecerem homens, antes de se deixarem escravizar, devem ser impelidos pela força ou levados a ela por fraude; conquistados por exércitos estrangeiros, como foram Esparta e Atenas pelas forças de Alexandre, ou por facções políticas, ou como quando, em um período anterior, o controle de Atenas havia passado para as mãos de Pisístrato.* Quando perdem sua liberdade através do embuste, não são tão frequentemente traídos pelos outros como enganados por eles mesmos. Este era o caso do povo de Siracusa, a principal cidade da Sicília (dizem-me que o lugar agora se chama Saragoça) quando, no auge da guerra e sem prestar atenção apenas ao perigo atual, eles promoveram Denis, seu primeiro tirano, confiando a ele o comando do exército, sem perceber que lhe haviam dado tal poder que, em seu retorno vitorioso, este digno homem se comportaria como se tivesse vencido não seus inimigos, mas seus compatriotas, transformando-se de capitão em rei, e depois de rei em tirano.

É incrível como, assim que um povo se torna submisso, cai prontamente em um esquecimento tão completo de sua liberdade que dificilmente pode ser despertado a ponto de recuperá-la, passando a obedecer tão fácil e voluntariamente que, ao contemplar tal situação, podemos dizer que esse povo perdeu sua liberdade tanto

---

* Pisístrato, em grego, Πεισίστρατος, translit. Pissístratos (ca. 600 a.C. – 528 a.C.), foi um tirano da antiga Atenas que governou entre 546 a.C. e 527 a.C. Da primeira vez, foi derrubado por Licurgo. Da segunda, por Hermódio e Aristogíton. Deve-se, contudo, a Pisístrato a compilação das obras de Homero, como *Ilíada* e *Odisseia*. (N. do T.)

quanto conquistou sua escravidão. É verdade que no início os homens se submetem sob coação e pela força; mas, aqueles que vêm depois dos primeiros, obedecem sem arrependimento e executam de boa vontade o que seus antecessores faziam porque eram obrigados. É por isso que os homens nascidos sob o jugo e depois alimentados e criados na escravidão se contentam, sem mais esforço, em viver em sua circunstância nativa, sem conhecimento de qualquer outro estado ou direito, considerando como bastante natural a condição em que nasceram. No entanto, não há herdeiro tão esbanjador ou indiferente que às vezes não examine os livros de contabilidade de seu pai para ver se está desfrutando de todos os privilégios de seu legado ou se, por acaso, seus direitos e os de seu antecessor não foram usurpados. No entanto, é bastante claro que a poderosa influência do costume não é, em nenhum aspecto, mais convincente do que neste, ou seja, no hábito à sujeição. Diz-se que Mitrídates* se treinou para beber veneno. Como ele, aprendemos a engolir, sem achar amargo, o veneno da servidão. Não se pode negar que a natureza é influente em nos moldar a sua vontade e nos fazer revelar nosso rico ou escasso dom; no entanto, deve-se admitir que ela tem menos poder sobre nós do que o costume, uma vez que o dom nativo, por melhor que seja, a menos que encorajado, se dissipa, ao passo que o

---

* Mitrídates (em grego, Μιθριδάτης) (132 a.C. – 63 a.C.), chamado Eupátor Dionísio, também conhecido como Mitrídates, o Grande, foi rei do Ponto de 120 a.C. a 63 a.C. na Anatólia e um dos mais formidáveis e bem-sucedidos inimigos de Roma, havendo enfrentado três dos melhores generais romanos da Baixa República. A lenda relata que Mitrídates procurou imunizar-se contra um eventual envenenamento, tomando doses crescentes (mas nunca letais) dos venenos de que tinha conhecimento, até que fosse capaz de tolerar até mesmo uma dose mortal. Alguns chamam esta prática de "mitridatismo". Conforme a lenda, após ser derrotado por Pompeu, Mitrídates tentou o suicídio por envenenamento, sem efeito devido à sua imunidade. Teria, então, forçado um de seus servos a matá-lo à espada. Essa história é contada na peça *Mitrídates* (1673), de Jean Racine, e na ópera *Mitridate, re di Ponto* (1770), de Mozart. (N. do T.)

hábito sempre nos molda a sua maneira, apesar da natureza. A boa semente que a natureza planta em nós é tão leve e tão escorregadia que não pode suportar o mínimo dano de uma alimentação errada; floresce com menos facilidade, torna-se frágil, murcha e não chega a nada. As árvores frutíferas conservam sua própria qualidade particular, se permitidas a crescer sem perturbações, mas perdem-na prontamente e dão frutos bizarros que não são seus quando enxertadas. Cada erva tem suas características peculiares, suas virtudes e propriedades; no entanto, a geada, o clima, o solo ou a mão do jardineiro aumentam ou diminuem sua força; a planta vista em um local pode não ser reconhecida em outro.

Quem poderia ter observado os primeiros venezianos, um punhado de pessoas vivendo tão livremente que nem mesmo os mais impiedosos entre eles desejariam ser o rei deles, nascidos e criados de tal forma que não disputariam uns com os outros, exceto quanto a qual se poderia dar o melhor conselho e cultivar sua liberdade com mais cuidado, instruídos e desenvolvidos de tal forma desde seus berços que não trocariam nem um pouco de sua liberdade por nenhuma outra delícia do mundo? Quem, digo eu, familiarizado com a natureza original de tal povo, poderia visitar hoje os territórios do homem conhecido como o Grande Doge e ali contemplar com compostura um povo que não quer viver senão para servi-lo, e manter seu poder à custa de suas vidas? Quem acreditaria que estes dois grupos de pessoas tinham uma origem idêntica? Não seria mais fácil concluir que havia deixado uma cidade de homens e entrado no meio de um agrupamento de animais? Licurgo, o legislador de Esparta, é relatado como tendo criado dois cães da mesma ninhada, engordando um na cozinha e treinando o outro no campo ao som da corneta e do trompete, para assim demonstrar aos lacedemônios* que os homens também se desenvolvem de acordo com seus primeiros hábitos. Ele colocou os dois cães em praça pública, e entre eles pôs uma tigela de sopa e uma lebre. Um correu para a tigela da sopa, o outro para a lebre; no entanto eles eram, como ele sustentava, irmãos nascidos dos mesmos pais. De tal forma, esse líder, por suas leis e costumes, moldou e instruiu os espartanos tão bem que qualquer um deles teria preferido morrer mais cedo do que reconhecer qualquer soberano que não fosse a lei e a razão.

É um prazer recordar uma conversa de antigamente entre um dos favoritos de Xerxes, o grande rei da Pérsia, e dois lacedemônios. Quando Xerxes equipou seu grande exército para conquistar a Grécia, ele enviou seus embaixadores para as cidades gregas para pedir água e terra. Esse era o procedimento adotado pelos persas ao convocar as cidades para a rendição. Nem para Atenas nem para Esparta, no entanto, ele enviou tais mensageiros, pois aqueles que tinham sido enviados por Dario, seu pai, haviam sido jogados, pelos atenienses e espartanos, uns em valas e outros em poços, com o convite para se servirem livremente ali de água e solo para levar de volta a seu príncipe. Aqueles gregos não podiam permitir nem mesmo a mínima sugestão de invasão de sua liberdade. Os espartanos suspeitavam, no entanto, de que haviam incorrido na ira dos deuses por sua ação, e especialmente na ira de Taltíbio, o deus dos arautos; para apaziguá-lo, decidiram enviar a Xerxes dois de seus cidadãos em reparação pela morte cruel infligida aos embaixadores de seu pai. Dois espartanos, um chamado Specto e o outro Bulis, se ofereceram como um sacrifício. Então eles partiram, e no caminho chegaram ao palácio do persa chamado Gidarno, tenente

---

* Outro nome para os espartanos. (N. do T.)

do rei para todas as cidades asiáticas situadas na costa do mar, que os recebeu com grande honra, os banqueteou, e então, falando de uma coisa e de outra, perguntou-lhes por que recusaram tão obstinadamente a amizade de seu rei. Disse ele:

> *Considerem bem, espartanos, e percebam pelo meu exemplo que o rei sabe honrar aqueles que são dignos, e acreditem que se fossem seus homens ele faria o mesmo por vocês; se pertencessem a ele e ele os tivesse conhecido, não haveria entre vocês nenhum que não fosse o senhor de alguma cidade grega.*

Responderam os lacedemônios:

> *Com tais palavras, Gidarno, você não nos dá bons conselhos, porque você experimentou apenas a vantagem de que fala; você não conhece o privilégio de que desfrutamos. Você tem a honra do favor do rei; mas não sabe nada sobre a liberdade, o prazer que ela traz e como é doce. Pois se tivesse algum conhecimento sobre ela, você mesmo nos aconselharia a defendê-la, não com lança e escudo, mas com nossos próprios dentes e unhas.*

Apenas os espartanos poderiam dar tal resposta, e certamente ambos falaram como haviam sido treinados. Era impossível para os persas sentirem falta da liberdade não a tendo conhecido, e para os lacedemônios, acharem a submissão aceitável depois de terem gozado da liberdade.

Catão de Útica, ainda menino, tinha entrada livre na casa de Sila, o ditador, devido à posição de sua família e a laços de parentesco. Em suas visitas, ele ia sempre acompanhado de seu tutor, como era costume para as crianças de nascimento nobre. Catão notou que na casa de Sila, na presença do ditador ou sob seu comando, alguns homens eram presos, e outros, condenados; um era banido, outro era estrangulado; um exigia os bens de outro cidadão, outro, sua cabeça; em suma, todos iam para lá não como quem vai à casa de um magistrado da cidade, mas como quem vai à casa do tirano do povo, e aquilo não era, portanto, um tribunal de justiça, mas sim um reduto da tirania. Quando já um rapaz, Catão disse a seu professor: "Dê-me uma adaga. Vou escondê-la debaixo do manto. Muitas vezes vou ao quarto de Sila antes que ele se levante, e meu braço é forte o suficiente para livrar a cidade dele". Um discurso verdadeiramente característico de Catão; foi um verdadeiro começo para esse herói tão digno de seu fim. E se não se mencionasse seu nome ou seu país, mas se se contasse apenas o fato como ele é, o episódio em si falaria eloquentemente, e qualquer um adivinharia que ele era um romano nascido em Roma na época em que fora livre.

E por que tudo isso? Certamente não porque acredito que a terra ou a região tenha algo a ver com isso, pois em qualquer lugar e em qualquer condição climática a sujeição é amarga e ser livre é agradável; mas simplesmente porque sou da opinião de que se deve ter pena daqueles que, ao nascer, chegam com o jugo no pescoço. Devemos exonerá-los e perdoá-los, pois eles não viram nem mesmo a sombra da liberdade, e, não tendo consciência disso, não podem perceber o mal suportado através de sua própria escravidão. Se houvesse realmente um país como o dos cimérios* mencionados por Homero, onde o sol brilha de outra forma que a nossa, derramando seu brilho durante seis meses sucessivos e depois deixando a humanidade se afogar na escuridão até seu retorno ao final de outro

---

* Os cimérios (em grego: Κιμμέριοι, Kimmerioi) foram um antigo povo indo-europeu que viveu ao norte do Cáucaso e do mar de Azov por volta de 1300 a.C., até ser expulso para o sul, pelos citas, chegando à Anatólia por volta do século VIII a.C. Linguisticamente os cimérios costumam ser classificados como iranianos. (N. do T.)

semestre, deveríamos ficar surpresos ao saber que aqueles nascidos durante essa longa noite crescem tão acostumados à escuridão que, a menos que lhes fosse dito sobre o sol, não teriam desejo de ver a luz? Nunca se deseja o que jamais se conheceu; a saudade só vem depois do prazer, e constitui, em meio à experiência da tristeza, a memória da alegria do passado. É verdadeiramente a natureza do homem ser livre e desejar sê-lo, mas seu caráter é tal que ele segue instintivamente as tendências que seu treinamento lhe dá.

Admitamos, portanto, que todas aquelas coisas às quais ele é treinado e acostumado parecem naturais para o homem, e que apenas o que ele recebe com sua individualidade primitiva e não treinada é verdadeiramente nativo para ele. Assim, o costume torna-se a primeira razão para a servidão voluntária. Os homens são como belos cavalos de corrida que primeiro mordem o freio e mais tarde gostam, e que, sendo criados desde cedo sob a sela, logo aprendem a gostar de exibir seus arreios e se empinam orgulhosamente sob seus adereços. Da mesma forma, os homens se acostumarão à ideia de que sempre estiveram subjugados, que seus pais viveram da mesma maneira; pensarão que são obrigados a sofrer esse mal, e se persuadirão através do exemplo e da imitação dos outros, finalmente investindo direitos de propriedade àqueles que os subjugam, com base na premissa de que sempre foi assim.

Há sempre uns poucos, mais bem dotados que outros, que sentem o peso do jugo, não podem se conter e tentam sacudi-lo: estes são os homens que nunca se deixam domar pela sujeição e que sempre, como Ulisses na terra e no mar em constante busca pela fumaça de sua chaminé, não podem se impedir de procurar seus privilégios naturais e de se lembrar de seus antepassados e de seus modos anteriores. Estes são de fato os homens que, possuidores de mentes claras e espírito clarividente, ao contrário da grande massa, não estão

DISCURSO DA SERVIDÃO VOLUNTÁRIA

satisfeitos em ver apenas o que está a seus pés sem olhar para trás ou para a frente. Eles se lembram das coisas do passado para julgar as do futuro, e comparar ambas com sua condição atual. Estes são os que, tendo boas mentes próprias, as treinaram ainda mais através do estudo e do aprendizado. Mesmo se a liberdade tivesse banida completamente da terra, tais homens a inventariam. Para eles, a escravidão não tem gratificações, por mais bem disfarçada que esteja.

O Grão-Turco* estava bem ciente de que os livros e o ensino, mais do que qualquer outra coisa, dão aos homens o sentido de compreender sua própria natureza e de detestar a tirania. Entendo que em seu território há poucas pessoas instruídas, pois ele não quer muitas. Por causa dessa restrição, homens de forte zelo e devoção, que apesar do passar do tempo preservaram seu amor pela liberdade, ainda permanecem ineficazes porque, por mais numerosos que sejam, não são conhecidos uns dos outros; sob o tirano perderam a liberdade de ação, de fala e quase de pensamento; estão sozinhos em suas aspirações. De fato, Momo, deus do escárnio, não estava apenas brincando quando criticou isso no homem formado por Vulcano, ou seja, que o criador não tinha colocado uma pequena janela no coração de sua criatura para tornar seus pensamentos visíveis.

É relatado que Bruto, Cássio e Casca, ao empreenderem a libertação de Roma, e para esse fim do mundo inteiro, recusaram-se a incluir em sua aliança Cícero, aquele grande entusiasta do bem-estar público, se é que alguma vez houve um, porque consideravam seu coração tímido demais para um ato tão sublime; confiavam em sua vontade, mas não tinham muita certeza de sua coragem.** No

---

* Grão-Turco ou Grande Turco era como se costumava chamar o sultão otomano de Constantinopla. (N. do T.)

** Referência ao assassinato de Júlio César, em 44 a.C., para o qual Bruto, Cássio e Casca conspiraram. Bruto e Cássio cometeram suicídio após serem derrotados por

entanto, quem quer que estude os feitos dos primeiros dias e os anais da antiguidade não encontrará praticamente nenhum exemplo de heróis que não tenham conseguido livrar seu país de mãos malévolas quando iniciaram sua tarefa com uma intenção firme, sincera e de todo o coração. A liberdade, como que para revelar sua natureza, parece ter-lhes dado uma nova força.

Harmódio, Aristogíton, Trasíbulo, Bruto, o Velho, Valério e Díon alcançaram com sucesso o que planejaram virtuosamente: pois quase nunca a boa sorte falha para uma forte vontade. Bruto, o Jovem, e Cássio conseguiram eliminar a servidão; eles pereceram quando de sua tentativa de restaurar a liberdade, não miseravelmente (que blasfêmia seria dizer que havia algo de miserável nesses homens, fosse em sua morte ou em sua vida!), mas para grande dano, infortúnio eterno e destruição total da República, que parece ter sido enterrada com eles. Outros e posteriores empreendimentos contra os imperadores romanos foram apenas conspirações de pessoas ambiciosas, que não merecem piedade pelos infortúnios que os atingiram, pois é evidente que elas procuraram não destruir, e sim apenas usurpar a coroa, planejando expulsar o tirano, mas manter a tirania. Para mim, não se poderia desejar que tais homens prosperassem, e estou feliz que eles tenham mostrado com seu exemplo que o nome sagrado da liberdade nunca deve ser usado para encobrir um empreendimento falso.

Mas voltando ao fio do nosso discurso, que praticamente perdi: a razão essencial pela qual os homens aceitam ordens voluntariamente é que eles nascem servos e são criados como tal. Desta causa decorre outro resultado, a saber, que as pessoas facilmente se tornam covardes e submissas sob tiranos. Por esta observação sou

Marco Antônio nas batalhas de Filipos em 42 a.C. (N. do T.)

DISCURSO DA SERVIDÃO VOLUNTÁRIA

profundamente grato a Hipócrates, o renomado pai da medicina, que a notou e relatou em um tratado seu intitulado *A Respeito das Doenças*. Este famoso homem foi certamente dotado de um grande coração e o provou claramente através de sua resposta ao Grande Rei, que queria vinculá-lo a sua pessoa por meio de privilégios especiais e grandes dons. Hipócrates respondeu francamente que seria um peso para sua consciência fazer uso de sua ciência para a cura de bárbaros que desejavam matar seus companheiros gregos ou para servir fielmente com sua habilidade qualquer um que se comprometesse a escravizar a Grécia. A carta que ele enviou ao rei ainda pode ser lida entre suas outras obras e testemunhará para sempre seu grande coração e seu caráter nobre.

A esta altura já deve ser evidente que, uma vez perdida a liberdade, perece também a coragem. Um sujeito não mostra nem alegria nem anseio em combater: seus homens marcham amargamente para o perigo quase como se fossem obrigados, e se imobilizam; não sentem dentro de si esse anseio de liberdade que gera desprezo pelo perigo e dá a disposição de adquirir honra e glória por meio de uma morte corajosa ao lado de seus companheiros. Entre os homens livres, há competição quanto a quem mais fará, cada um pelo bem comum, cada um por si, todos esperando compartilhar das desgraças da derrota ou dos benefícios da vitória; mas um povo escravizado perde, além dessa coragem guerreira, todos os sinais de entusiasmo, pois seus corações estão degradados, submissos e incapazes de qualquer grande ação. Os tiranos estão bem conscientes disso e, para degradar ainda mais seus súditos, os encorajam a assumir essa atitude e torná-la instintiva.

Xenofonte, historiador sério de primeira linha entre os gregos, escreveu um livro no qual faz Simônides falar com Hieron, tirano de Siracusa, a respeito das ansiedades do tirano. Esse livro está repleto de belas e sérias recordações que, em minha opinião, são tão persuasivas quanto as palavras podem ser. Deus queira que todos os déspotas que já viveram possam tê-lo tido uma vez diante dos olhos e usado como um espelho! Não posso acreditar que eles teriam falhado em reconhecer suas verrugas e em ter concebido alguma vergonha por suas manchas. Neste tratado, é explicado o tormento em que os tiranos se encontram quando obrigados a temer a todos porque fazem o mal a todos os homens. Entre outras coisas, encontramos a afirmação de que os reis maus empregam estrangeiros em suas guerras e os pagam, não ousando confiar armas nas mãos de seu próprio povo, a quem eles fizeram mal. (Houve bons reis que usaram mercenários de nações estrangeiras, mesmo entre os franceses, embora mais antigamente do que hoje, mas com o propósito de preservar seu próprio povo, considerando como nada a perda de dinheiro no esforço de poupar vidas francesas. Isto é, creio, o que Cipião, o grande africano, quis dizer quando afirmou que preferia salvar um cidadão a derrotar uma centena.) Pois é claramente evidente que o ditador não considera seu poder firmemente estabelecido até que ele tenha chegado ao ponto em que não há nenhum homem sob ele que tenha algum valor.

Portanto, pode ser-lhe aplicada justamente a censura ao mestre dos elefantes feita por Trasão e relatada por Terêncio: "Você realmente se orgulha apenas por ser obedecido por animais selvagens?".

Este método que os tiranos usam para estupidificar seus súditos não pode ser mais claramente observado do que no que Ciro fez com os lídios depois de ter tomado Sardes, sua principal cidade, e ter à sua mercê capturado Creso, seu riquíssimo rei.* Quando lhe foi

---

* Creso foi o último rei da Lídia, da dinastia Mermnada (560 a.C. – 546 a.C.). Filho e sucessor de Alíates, que morreu em 560 a.C., Creso submeteu as principais cidades da Anatólia. (N. do T.)

dada a notícia de que o povo de Sardes havia se rebelado, teria sido fácil para ele reduzi-los pela força; mas não estando disposto a saquear uma cidade tão bela ou a manter um exército para policiar a cidade, ele pensou em um expediente incomum para reduzi-la. Ciro estabeleceu nela bordéis, tabernas e jogos públicos, e emitiu a proclamação de que os habitantes iriam desfrutá-los. Ele achou esse tipo de guarnição tão eficaz que nunca mais teve que desembainhar a espada contra os lídios. Essas pessoas miseráveis se divertiram inventando todo tipo de jogos, de modo que os latinos passaram a chamar de *ludi* o que chamamos de passatempos, como se quisessem dizer lídio.

Nem todos os tiranos manifestaram tão claramente sua intenção de efeminizar suas vítimas; mas na verdade, o que o déspota acima mencionado proclamou publicamente e colocou em prática, a maioria dos outros perseguiu secretamente como um fim. É realmente da natureza da população, cuja densidade é sempre maior nas cidades, desconfiar de alguém que tem seu bem-estar no coração e ser crédulo de alguém que os engana. Não imaginem que há ave mais facilmente capturada por engodo nem peixe mais rapidamente preso no anzol por isca de verme, do que todos esses pobres tolos, que são pura e simplesmente enganados em servidão pela mais leve plumagem passada, por assim dizer, diante de suas bocas. Realmente é uma coisa maravilhosa que eles se deixem apanhar tão rapidamente ao menor tilintar de sua fantasia. Peças, farsas, espetáculos, gladiadores, bestas estrangeiras, medalhas, quadros e outros opiáceos do gênero eram para os povos antigos a isca para a escravidão, o preço de sua liberdade, os instrumentos da tirania. Por essas práticas e seduções, os antigos ditadores conseguiram dominar com tanto sucesso seus súditos sob o jugo. Assim, os povos estúpidos, fascinados pelos passatempos e

O TRATADO DA DESOBEDIÊNCIA CIVIL

pelos prazeres vãos que se manifestavam diante de seus olhos, admitiram a subserviência também estupidamente, e pior que as crianças pequenas que aprendem a ler olhando para livros ilustrados com imagens brilhantes.

Os tiranos romanos inventaram um novo refinamento. Muitas vezes, eles proporcionavam às alas da cidade festas para cativar a multidão, sempre mais facilmente tentada pelo prazer de comer do que por qualquer outra coisa. Os mais inteligentes e compreensivos entre eles não teriam desistido de sua tigela de sopa para recuperar a liberdade da República de Platão. Os tiranos distribuiriam grandes quantidades, um alqueire de trigo, um galão de vinho e um sestércio,* e então todos gritariam sem pudor: "Viva o rei!". Os tolos não percebiam que estavam apenas recuperando uma porção de sua própria propriedade e que seu governante não poderia ter lhes dado o que estavam recebendo sem antes tê-lo tirado deles. Um homem poderia um dia ser presenteado com um sestércio e se deslumbrar na festa pública, elogiando Tibério e Nero pela generosidade e, no dia seguinte, ser obrigado a abandonar sua propriedade à sua avareza, seus filhos à sua luxúria, seu próprio sangue à crueldade destes magníficos imperadores, sem oferecer mais resistência que uma pedra ou um tronco de árvore.

A turba sempre se comportou dessa maneira — avidamente aberta a subornos, que não poderiam ser honradamente aceitos, e dissimuladamente insensível à degradação e ao insulto, que não podem ser tolerados com honra. Hoje não encontro ninguém que, ao ouvir a menção de Nero, não estremeça com o próprio nome

---

* O sestércio (*sestertius*, em latim) era uma antiga moeda romana. O nome provém das palavras latinas *semis* ("meio") e *tres* ("três"), isto é, "meio terceiro", porque valia dois asses e meio. (N. do T.)

daquele monstro hediondo, daquela peste nojenta e vil. Mas quando ele morreu — quando esse incendiário, esse carrasco, essa besta selvagem morreu tão vilmente quanto vivera —, o notável povo romano, lembrando-se de seus jogos e de seus festivais, entristeceu-se a ponto de vestir-se em luto por ele. Assim escreveu Cornélio Tácito, um autor competente e sério, e um dos mais confiáveis. Isso não será considerado peculiar em vista do que esse mesmo povo fizera com a morte de Júlio César, que havia varrido suas leis e sua liberdade, em cujo caráter, parece-me, não existia nada que valesse a pena, pois sua própria liberalidade, tão elogiada, era mais ruinosa do que o tirano mais grosseiro que já existiu, pois na verdade era essa amabilidade venenosa dele que adoçava a servidão para o povo romano. Após sua morte, aquele povo, ainda preservando em seu paladar o sabor de seus banquetes e em sua mente a lembrança de sua prodigalidade, vinha lhe prestar homenagem. A multidão lotou os assentos do Fórum para o grande incêndio que reduziu seu corpo a cinzas e mais tarde levantou uma coluna para ele como "O Pai de seu Povo" (tal era a inscrição no capitel). Enfim, prestaram-lhe mais homenagens morto, como ele estava, do que o fariam a qualquer homem do mundo, exceto talvez àqueles que o tinham matado.

Eles nem mesmo esqueceram, esses imperadores romanos, de assumir genericamente o título de Tribuno do Povo, em parte porque esse cargo foi considerado sagrado e inviolável e também porque foi fundado para a defesa e proteção do povo e gozava do favor do Estado. Com isso, eles se certificavam de que a população confiaria totalmente neles, como se eles simplesmente usassem o título e dele não abusassem. Hoje existem alguns que não se comportam de maneira muito diferente: eles nunca empreendem uma política injusta, mesmo que de alguma importância, sem

O TRATADO DA DESOBEDIÊNCIA CIVIL

prefaciá-la com algum discurso bonito sobre o bem-estar público e o bem comum. Você bem conhece, ó Longa, essa fórmula que eles usam de forma bastante inteligente em certos lugares; embora, na maioria das vezes, para ter certeza, não possa haver esperteza onde há tanta insolência. Os reis dos assírios, e mesmo depois deles os dos medos, se mostravam em público tão raramente quanto possível, a fim de colocar em dúvida na mente da multidão se eles não eram de alguma forma mais do que homens, e assim encorajar as pessoas a usar sua imaginação para aquelas coisas que não podiam julgar pela vista. Desse modo, muitas nações que por muito tempo residiram sob o controle dos assírios, acostumaram-se, com todo esse mistério, à sua própria sujeição e submeteram-se mais prontamente por não saberem que tipo de mestre tinham, ou quase nem mesmo se tinham um, todos eles temendo por relatos alguém que nunca haviam visto.

Os primeiros reis do Egito raramente se mostravam sem carregar um gato, ou às vezes um ramo, ou aparecendo com fogo na cabeça, mascarando-se com esses objetos e desfilando como magos. Ao fazer isso, eles inspiraram seus súditos com reverência e admiração, ao passo que, parece-me, em pessoas nem muito estúpidas nem muito submissas, eles teriam simplesmente despertado divertimento e gargalhadas. É lamentável rever a lista de dispositivos que os primeiros déspotas usavam para estabelecer sua tirania, para descobrir quantos pequenos truques eles empregavam, sempre encontrando a população convenientemente ingênua, prontamente presa na teia assim que ela era estendida. De fato, eles sempre enganavam suas vítimas tão facilmente que, enquanto zombavam delas, escravizavam-nas ainda mais.

Que comentário posso fazer a respeito de outra fina contrafação que os povos antigos aceitavam como sendo dinheiro verdadeiro?

DISCURSO DA SERVIDÃO VOLUNTÁRIA

Eles acreditavam firmemente que o dedo do pé de Pirro,* rei do Épiro, realizava milagres e curava doenças do baço. Eles até mesmo enriqueceram a história com a lenda de que esse dedo do pé, depois que o cadáver tinha sido queimado, foi encontrado entre as cinzas, intocado pelo fogo. Nessa lenda, o próprio povo tolo inventa mentiras e depois acredita nelas. Muitos homens recontaram tais coisas de tal forma que é fácil ver que suas partes foram unidas por fofocas fúteis da cidade e relatos bobos da ralé. Quando Vespasiano, retornando da Assíria, passa por Alexandria a caminho de Roma para tomar posse do império, ele empreende maravilhas: faz os aleijados endireitarem-se, devolve a visão aos cegos e muitas outras coisas boas, em relação às quais os crédulos eram, em minha opinião, mais cegos do que os curados.

Os próprios tiranos se maravilhavam ao notar como os homens podem suportar a perseguição de um único homem; eles insistem em usar a religião para sua própria proteção e, sempre que possível, tomam emprestado um pouco de divindade para reforçar seus maus costumes. Se quisermos acreditar na Sibila de Virgílio, Salmoneu,** em tormento por ter desfilado como Júpiter na velhice para enganar a população, agora expiando no inferno mais profundo:***

> (...) *As penas vi cruéis e penetrantes*
> *De Salmoneu soberbo, que tanto erra,*
> *De Júpiter Tonante o raio horrendo*

---

* Pirro (318 a.C. − 272 a.C.) (em grego − Πυρρος − "cor de fogo", "ruivo"), rei do Épiro e da Macedônia, ficou famoso por ter sido um dos principais opositores a Roma. (N. do T.)
** Salmoneu (em grego antigo, Σαλμονεύς) é um personagem da mitologia grega. Filho de Éolo e Enarete, foi rei da Élida. Era descendente de Deucalião e Pirra e irmão de Sísifo. Pertence à série de mortais que quiseram rivalizar com os deuses. (N. do T.)
*** Ver Virgílio, *Eneida*, Cap. VI. (N. do T.)

E do Olimpo os trovões contrafazendo.

De quatro frisões este conduzido

Uma tocha acendida meneando,

Pelos povos da Grécia ia atrevido,

E pelo meio de Elides triunfando.

O culto aos altos deuses só devido

Pedia: mentecapto, que rodando

Pela ponte no coche miserável,

Fingia a chuva e o raio imitável.

Mas de uma nuvem densa um raio horrendo,

Vibrando irado, o padre onipotente o derrubou com ímpeto tremendo,

Não com fumoso raio ou tocha ardente.

Se tal pessoa, que em seu tempo agiu meramente através da loucura da insolência, é tão bem recebida no inferno, penso que aqueles que usaram a religião como manto para esconder sua maldade serão ainda mais merecidamente alojados no mesmo lugar.

Nossos próprios líderes empregaram na França alguns dispositivos similares, como sapos, flores-de-lis, vasos sagrados e auriflamas.* Independentemente de como tenha que ser, não desejo, de minha parte, ser incrédulo, já que nem nós nem nossos antepassados tivemos até agora qualquer ocasião de ceticismo. Nossos reis

---

* A auriflama (do latim *aurea flamma*, "chama dourada"), ou *oriflamme*, foi o estandarte de batalha do rei da França na Idade Média. Era originalmente a bandeira sagrada da abadia de St. Denis, um mosteiro perto de Paris. Quando a auriflama era levantada em batalha pela realeza francesa durante a Idade Média, mais notavelmente durante a Guerra dos Cem Anos, nenhum adversário deveria ser preso até ser abatido. Através dessa tática, eles esperavam causar medo no coração do inimigo, especialmente os nobres, que normalmente poderiam esperar ser levados vivos para resgates durante tais encontros militares. Em francês, o termo *"oriflamme"* passou a significar qualquer bandeira com pontas pontiagudas, por associação com a forma da original. (N. do T.)

DISCURSO DA SERVIDÃO VOLUNTÁRIA

sempre foram tão generosos em tempos de paz e tão valentes em tempos de guerra que desde o nascimento parecem não ter sido criados pela natureza como muitos outros, mas, mesmo antes do nascimento, ter sido designados pelo Deus Todo-Poderoso para o governo e a preservação deste reino.

Mesmo que desse modo não fosse, ainda assim eu não entraria em discussão para questionar a verdade de nossas tradições ou para examiná-las tão rigorosamente a ponto de tirar-lhes seus belos conceitos. Este é um campo para nossa poesia francesa, agora não apenas honrada, mas, a meu ver, renascida através de nosso Ronsard,* nosso Baïf,** nosso Bellay.*** Esses poetas estão defendendo nossa língua tão bem que ouso acreditar que muito em breve nem os gregos nem os latinos terão qualquer vantagem sobre nós, exceto possivelmente a de antiguidade.

E eu certamente ofenderia nossa poesia — gosto de usar essa palavra, pois, apesar de vários terem feito rimas mecanicamente, ainda hoje posso identificar muitos homens capazes de enobrecer a poesia e restaurá-la ao seu brilho inicial —, mas, como eu dizia, eu causaria grande dano à Musa se a privasse agora daqueles belos contos sobre o rei Clóvis, nos quais julgo ver despontar fácil e elegantemente a veia

---

* Pierre de Ronsard (11 de setembro de 1524 – 27 de dezembro de 1585), poeta renascentista francês nascido no castelo de La Possonnière, condado de Vendôme, é o principal representante da La Pléiade, grupo de poetas cujos principais modelos foram os líricos greco-romanos e italianos, de grande importância na renovação da literatura francesa. (N. do T.)

** Jean-Antoine de Baïf (Veneza, 19 de fevereiro de 1532 – Paris, 19 de setembro de 1589) foi um poeta, tradutor e comediógrafo da França, e membro da La Pléiade. Nasceu quando sua família vivia na Itália, com seu pai, Lazare de Baïf, na condição de embaixador francês. O menino cresceu num mundo de arte e cultura, onde foi educado com os melhores professores, aprendendo latim e grego. (N. do T.)

*** Guillaume du Bellay (1491 – 1543), historiador francês, conhecido pelas medidas diplomáticas que tomou durante o reinado de Francisco I da França. Foi governador de Turim, em 1537, e também vice-rei de Piemonte. (N. do T.)

de nosso Ronsard e de sua Francíada. Pressinto seu alcance, reconheço-lhe a graça e finura de espírito. Tem arte para fazer da auriflama o que os romanos fizeram das ancilas, como diz Virgílio: "E os escudos do céu jazendo em terra". Ele usará nosso frasco de óleo sagrado tanto quanto os atenienses usaram a cesta de Erictônio; e ganhará aplausos por nossos atos heroicos tanto quanto o ganhamos pela coroa de oliveira que ainda hoje está na torre de Minerva. Eu certamente seria presunçoso se tentasse lançar calúnias em nossos registros e assim invadir o reino de nossos poetas.

Mas voltando ao assunto de que sem querer me afastei, quem mais do que os tiranos têm conseguido, para sua segurança, habituar o povo não só à obediência e à servidão como até a devoção? Tudo, pois, o que até aqui eu disse sobre o hábito de as pessoas serem voluntariamente escravas aplica-se apenas às relações entre os tiranos e a arraia-miúda e embrutecida.

Chego agora a um ponto que é, em minha opinião, a mola mestra e o segredo da dominação, o apoio e o fundamento da tirania. Quem pensa que alabardas, sentinelas, o posicionamento da guarda servem para proteger e blindar os tiranos está, a meu ver, completamente equivocado. Esses são usados, me parece, mais para cerimônia e uma demonstração de força do que para qualquer confiança neles depositada. Os arqueiros proíbem a entrada no palácio aos malvestidos que não têm armas, não aos bem armados que podem realizar alguma trama. Decerto é fácil dizer dos imperadores romanos que menos escaparam do perigo devido à ajuda de seus guardas do que os que foram mortos por seus próprios arqueiros. Não são as tropas a cavalo, não são as companhias em marcha, não são as armas que defendem o tirano. Isto não parece crível à primeira vista, mas é verdade que existem apenas quatro ou cinco que mantêm o ditador, quatro ou cinco que mantêm o país em cativeiro para

DISCURSO DA SERVIDÃO VOLUNTÁRIA

ele. Cinco ou seis sempre tiveram acesso a seu ouvido, e/ou foram a ele de livre vontade, ou foram convocados por ele, para serem cúmplices em suas crueldades, companheiros em seus prazeres, exploradores de suas luxúrias e partidários de seus saques. Esses cinco ou seis administram os negócios do tirano com tanto sucesso que ele é responsabilizado não apenas por seus próprios delitos, mas também pelos deles. Os cinco ou seis têm seiscentos que lucram com eles, e com os seiscentos eles fazem o que querem com seu tirano. Os seiscentos mantêm debaixo de si seiscentos, a quem promovem em posto, a quem conferem o governo das províncias ou a direção das finanças, para que possam servir como instrumentos da cobiça e da crueldade, executando ordens na hora certa e trabalhando em torno de tal caos que não poderiam resistir, exceto sob a sombra dos seiscentos nem ser isentos da lei e da punição, exceto por sua influência.

A consequência de tudo isso é realmente fatal. E quem tiver o prazer de desenrolar a meada observará que não os seis mil, mas cem mil, e até mesmo milhões, se agarram ao tirano por esse cordão ao qual estão amarrados. Segundo Homero, Júpiter se gaba de poder atrair para si todos os deuses quando puxa uma corrente. Tal esquema causou o aumento do senado sob Júlio, a formação de novas fileiras, a criação de cargos; não realmente, se devidamente considerado, para reformar a justiça, mas para proporcionar novos partidários do despotismo. Em resumo, quando se chega ao objetivo, através de grandes ou pequenos favores, de que grandes ou pequenos lucros são obtidos sob um tirano, são encontradas quase tantas pessoas a quem a tirania parece vantajosa quanto aquelas a quem a liberdade parece desejável. Os médicos declaram que quando alguma parte do corpo tem gangrena, uma perturbação surge em outro ponto e ela flui imediatamente para a parte perturbada.

O TRATADO DA DESOBEDIÊNCIA CIVIL

Mesmo assim, sempre que um governante se faz ditador, todas as escórias perversas da nação — não me refiro ao bando de pequenos ladrões e rufiões sem orelha* que, numa República, não têm relevância no mal ou no bem, mas a todos aqueles que são corrompidos por ambição incendiária ou avareza extraordinária — se reúnem em torno dele e o apoiam para participar do saque e para se constituírem em chefes mesquinhos sob o grande tirano. Esta é a prática entre ladrões notórios e piratas famosos: alguns vasculham o país, outros perseguem os viajantes; alguns se deitam em emboscadas, outros vigiam; alguns cometem assassinatos, outros roubam; e embora haja entre eles diferenças de posto, alguns são apenas subalternos, ao passo que outros são chefes de quadrilhas, mas não há um único entre eles que não se sinta participante, se não do saque principal, pelo menos em sua busca. Está comprovadamente relatado que os piratas sicilianos se reuniram em tão grande número que se tornou necessário enviar contra eles Pompeu Magno, e que eles atraíram para sua aliança belas e grandes cidades em cujos portos se refugiaram ao retornarem de suas expedições, pagando generosamente pelo refúgio dado a seus bens roubados.

O tirano submete uns por intermédio dos outros. É assim protegido por aqueles que, se algo valessem, antes devia recear, e dá razão ao adágio que diz ser a lenha rachada com cunhas feitas da mesma lenha. Vejam-se os arqueiros, os guardas e os porta-estandartes que do tirano recebem não poucos agravos. Mas os desgraçados, banidos por Deus e pelos homens, suportam de boa alma o mal e descarregam depois esse mal não naquele que os maltrata, mas nos

---

* O corte das orelhas como punição por roubo é muito antigo. Na Idade Média, ainda era praticado sob Luís IX. Homens assim mutilados eram desonrados e não podiam entrar no clero ou na magistratura. (N. do T.)

DISCURSO DA SERVIDÃO VOLUNTÁRIA

que são, como ele, maltratados e não têm defesa. Tendo em vista os que servilmente giram em redor do tirano, a executar as suas tiranias e a oprimir o povo, fico muitas vezes espantado com sua maldade e sinto igualmente pena de tanta estupidez. Porque, em boa verdade, o que fazem eles, ao acercarem-se do tirano, senão afastarem-se da liberdade, darem (por assim dizer) ambas as mãos à servidão e abraçarem a escravatura? Ponham eles algum freio à ambição, renunciem um pouco à avareza, olhem depois para si próprios, vejam-se bem e perceberão claramente que os camponeses, os servos que eles espezinham e tratam como escravos, são em comparação com eles, livres e felizes.

O camponês e o artesão, embora servos, limitam-se a fazer o que lhes mandam e, feito isso, ficam quites. Os que giram em volta do tirano e mendigam seus favores, entretanto, não se poderão limitar a fazer o que ele diz, têm de pensar o que ele deseja e, muitas vezes, para ele se dar por satisfeito, têm de lhe adivinhar os pensamentos. Não basta que lhe obedeçam, têm de lhe fazer todas as vontades, têm de se matar de trabalhar nos negócios dele, de ter os gostos que ele tem, de renunciar a sua própria pessoa e de se despojar do que a natureza lhes deu. Têm de se acautelar com o que dizem, com as mínimas palavras, os mínimos gestos, com o modo como olham; não têm olhos, nem pés, nem mãos, têm de consagrar tudo ao trabalho de espiar a vontade e descobrir os pensamentos do tirano.

Isso pode ser chamado de vida feliz? Pode ser chamado de vida? Há algo mais intolerável do que essa situação, não direi para um homem de coragem, nem mesmo para um homem de alto nascimento, mas simplesmente para um homem de bom senso ou, para ir ainda mais longe, para alguém que tenha o rosto de um homem? Que condição é mais miserável do que viver assim, sem nada para chamar de seu, recebendo de outra pessoa seu sustento, seu poder de agir, seu corpo, sua própria vida?

Os homens ainda aceitam o servilismo para adquirir riqueza; como se pudessem adquirir algo próprio quando não podem sequer afirmar que pertencem a si mesmos, ou como se alguém pudesse possuir sob um tirano uma única coisa em seu próprio nome. No entanto, agem como se sua riqueza realmente lhes pertencesse e esquecem que são eles mesmos que dão ao governante o poder de privar a todos de tudo, não deixando nada que alguém possa identificar como pertencente a alguém. Eles notam que nada torna os homens tão subservientes à crueldade de um tirano como a propriedade; que a posse da riqueza é o pior dos crimes contra ele, punível até mesmo com a morte; e que ele não ama nada tanto quanto o dinheiro e arruína apenas os ricos, que vêm perante ele como diante de um açougueiro, oferecendo-se tão recheados e salpicados que fazem sua boca salivar. Esses favoritos não devem se lembrar tanto daqueles que ganharam grandes riquezas dos tiranos, mas daqueles que, depois de algum tempo acumuladas, perderam para ele seus bens e suas vidas; eles devem considerar não quantos outros ganharam uma fortuna, mas como poucos a conservaram. Quer examinemos a história antiga, quer simplesmente os tempos em que vivemos, veremos claramente quão grande é o número daqueles que, tendo por meios vergonhosos conquistado o ouvido dos príncipes — que, ou lucram com sua vilania ou se aproveitam de sua ingenuidade —, acabaram sendo reduzidos a nada por esses mesmos príncipes; e embora no início tais servos tenham sido recebidos por uma pronta vontade de promover seus interesses, mais tarde encontraram uma inconstância igualmente óbvia que os levou à ruína. Certamente, entre um número tão grande de pessoas que em algum momento tiveram alguma relação com maus

DISCURSO DA SERVIDÃO VOLUNTÁRIA

governantes, houve poucos, ou praticamente nenhum, que não sentiram aplicada a si mesmos a animosidade do tirano, que antes tinham incitado contra outros. Na maior parte das vezes, depois de enriquecerem, despojando os outros, sob a proteção dele, acabam por enriquecê-lo com seus próprios despojos.

Mesmo homens de caráter — se às vezes acontece de um tirano gostar o suficiente de um homem assim para mantê-lo em suas boas graças, porque nele brilham a virtude e a integridade que inspiram uma certa reverência mesmo nos mais depravados —, mesmo homens de caráter, digo eu, não conseguiram por muito tempo evitar sucumbir à maldade comum, e logo experimentaram os efeitos da tirania à sua própria custa. Um Sêneca, um Burro, um Trásea, esse triunvirato de homens esplêndidos, são um lembrete suficiente de tal infortúnio. Dois deles estavam próximos ao tirano pela responsabilidade fatal de ter nas mãos a administração de seus assuntos, e ambos eram estimados e amados por ele. Um deles, além disso, tinha uma reivindicação peculiar sobre sua amizade, pois veio a ser seu mestre quando de sua infância. No entanto, esses três, por suas mortes brutais, dão provas suficientes de quão pouca fé se pode depositar na amizade de um governante maligno. De fato, que amizade pode ser esperada de alguém cujo coração é amargo o suficiente para odiar até mesmo seu próprio povo, que não faz outra coisa senão obedecê-lo? É por não saber amar que ele acaba empobrecendo seu próprio espírito e destruindo seu próprio império.

Agora, se alguém argumentar que esses homens caíram em desgraça porque queriam agir honradamente, deixe-o olhar em volta com ousadia para outros próximos a esse mesmo tirano, e ele verá que aqueles que vieram em seu favor e se mantiveram por meios desonrosos não se saíram muito melhor. Quem já ouviu falar de um amor mais centrado, de um afeto mais persistente, quem já leu sobre um homem mais desesperadamente ligado a uma mulher do que Nero a Popeia? No entanto, ela foi mais tarde envenenada por sua própria mão.* Agrippina, mãe de Nero, havia matado seu marido, Cláudio, para enaltecer seu filho; para gratificá-lo, ela nunca hesitou em fazer ou carregar nada; e, no entanto, esse mesmo filho, sua descendência, seu imperador, erguido por sua mão, depois de decepcioná-la com frequência, finalmente tirou-lhe a vida. É verdade que ninguém nega que ela teria merecido esse castigo, se ao menos ele lhe tivesse chegado por outra mão que não a do filho que ela trouxera ao mundo. Onde houve já homem mais fácil de manobrar, mais simples, digamos até mais ingênuo do que o imperador Cláudio? Quem se apaixonou algum dia por uma mulher mais do que ele por Messalina? Nem por isso deixou de entregá-la ao carrasco. A simplicidade é uma crueldade de todos os tiranos: tanto que todos ignoram o que seja praticar o bem. Mas, não sei como, chega sempre o dia em que usam de crueldade para com os que os rodeiam, e a pouca inteligência que possuem desperta de imediato.

É bem conhecida a palavra daquele que, vendo descoberto o colo da mulher amada, sem a qual parecia não poder viver, a acariciou, dizendo: "Este belo pescoço, logo que eu o ordene, pode ser cortado". Por isso é que a maior parte dos antigos tiranos era geralmente morta por seus favoritos, os quais, uma vez conhecida a natureza da

---

* A causa e a data da morte de Popeia são incertas. De acordo com Suetônio, quando Popeia estava grávida do segundo filho, no verão de 63, ela discutiu furiosamente com o marido sobre o tempo que ele passava nas corridas. Num acesso de ira, o imperador chutou Popeia na barriga, o que provocou sua morte. Tácito, por outro lado, data sua morte depois da Quinquenália e alega que o chute de Nero foi uma "explosão casual". Ele também menciona que alguns autores (perdidos) alegavam que Nero teria envenenado a esposa, mas demonstrou não acreditar nessas histórias. Dião Cássio alega que Nero teria pulado sobre a barriga de Popeia, mas admitiu que não sabia se fora intencionalmente ou não. (N. do T.)

DISCURSO DA SERVIDÃO VOLUNTÁRIA

tirania, perdiam toda a fé na vontade do tirano e desconfiavam de seu poder. Assim foi que Domiciano morreu às mãos de Estevão; Cômodo, assassinado por uma de suas amantes; Caracala, por Macrino; e o mesmo se deu com quase todos os outros. A verdade é que o tirano nunca é amado nem ama.

A amizade é uma palavra sagrada, uma coisa santa; nunca se desenvolve a não ser entre pessoas de caráter e nunca se enraíza a não ser através do respeito mútuo; floresce não tanto pela gentileza, mas pela sinceridade. O que faz um amigo ter certeza de outro é o conhecimento de sua integridade: como garantia, ele tem a bela natureza de seu amigo, sua honra e sua constância. Não pode haver amizade onde há crueldade, onde há deslealdade, onde há injustiça. E nos lugares onde os ímpios se reúnem há apenas conspiração, não companheirismo: esses não têm afeição uns pelos outros; só o medo os mantém unidos; não são amigos, são meramente cúmplices.

Ainda que assim não fosse, havia de ser sempre difícil achar num tirano um amor firme. É que, estando ele acima de todos e não tendo companheiros, situa-se para lá de todas as raias da amizade, a qual tem seu alvo na equidade, não aceita a superioridade, antes quer que todos sejam iguais. Por isso é que entre os ladrões reina a maior confiança no dividir o que roubaram; todos são pares e companheiros e, se não se amam, temem-se pelo menos uns aos outros e não querem, desunindo-se, tornar-se mais fracos. Quanto ao tirano, nem os próprios favoritos podem ter confiança nele, pois aprenderam que ele pode tudo, que não há direitos nem deveres a que esteja obrigado, sua única lei é sua vontade, não é companheiro de ninguém, antes, é senhor de todos. Quão dignos de piedade, portanto, são aqueles que, perante exemplos tão evidentes, diante de um perigo tão iminente, não aprendem com o que outros já sofreram! Como é possível que haja tantos que gostam de conviver com os tiranos e como nem um sequer tenha inteligência e ousadia que bastem para lhe dizer o que a raposa da fábula respondeu ao leão que se fingia doente: "De boa mente entraria em seu covil; mas só vejo pegadas de bichos que entram e nenhuma dos que dele tenham saído"?

Esses desgraçados só veem o brilho dos tesouros do tirano e ficam olhando espantados para o fulgor de suas joias, deslumbrados com tanto esplendor; aproximam-se e não enxergam que estão a atirar-se para o meio de uma fogueira que não tardará a consumi-los. O Sátiro indiscreto (segundo a fábula), ao ver acesa a chama descoberta por Prometeu, achou-a tão bela que foi beijá-la e se queimou. A borboleta que, esperando encontrar algum prazer, se atira ao fogo, vendo-o luzir, acaba por ser vítima de uma outra qualidade que o fogo tem: a de tudo queimar, diz o poeta Lucano.*

Além disso, mesmo admitindo que os favoritos podem às vezes escapar das mãos daquele que servem, eles nunca estão a salvo do governante que vem após ele. Se ele for bom, eles devem prestar contas de seu passado e reconhecer finalmente que a justiça existe; se for mau e se parecer com seu falecido mestre, ele certamente terá seus próprios favoritos, que costumam não se contentar em ocupar por sua vez apenas os postos de seus antecessores, mas insistirão mais amiúde em sua riqueza e em suas vidas. Será possível encontrar alguém, então, que sob tais circunstâncias perigosas e com tão pouca segurança ainda será ambicioso para ocupar uma posição tão infeliz e servir, apesar de tais perigos, um mestre tão perigoso?

---

* Marco Aneu Lucano (em latim: *Marcus Annaeus Lucanus*; Córdoba, Espanha, 3 de novembro de 39 – Roma, 30 de abril de 65) foi um poeta romano, nascido na província da Bética. Apesar de sua vida curta, é tido como uma das figuras de maior destaque do período dito clássico do latim. Sua juventude e sua proficuidade fizeram com que se destacasse entre os poetas da época. Sobrinho de Sêneca, fez parte da malograda Conspiração de Pisão contra a vida do imperador Nero e, ao ser preso, foi obrigado a se suicidar. Restou de sua extensa obra apenas uma epopeia inacabada: *Farsália*. (N. do T.)

Bom Deus, que sofrimento, que martírio tudo isso envolve! Estar ocupado noite e dia no planejamento para agradar alguém e ainda temê-lo mais do que qualquer outra pessoa no mundo; estar sempre atento, com os ouvidos abertos, perguntando-se de onde virá o golpe; procurar a conspiração, estar em guarda contra ciladas, varrer os rostos dos companheiros em busca de sinais de traição, sorrir para todos e ter medo mortal de todos, ter confiança em ninguém, seja um inimigo aberto ou um amigo verdadeiro; mostrar sempre um semblante alegre apesar de um coração apreensivo, incapaz de ser feliz, mas não ousando parecer triste!

No entanto, há satisfação em examinar o que eles obtêm de todo esse tormento, que vantagem obtém de todo o problema de sua miserável existência. Na verdade, o povo nunca culpa o tirano pelos males que sofre, mas coloca a responsabilidade sobre aqueles que o influenciam; povos, nações, todos competem uns com os outros, até mesmo os camponeses, até os lavradores do solo, ao mencionar os nomes dos favoritos, ao analisar seus vícios e ao amontoar sobre eles mil insultos, mil obscenidades, mil maledicências. Todas as suas orações, todos os seus votos são dirigidos contra essas pessoas; eles os responsabilizam por todos os seus infortúnios, suas pestes, suas fomes; e se às vezes eles lhes mostram respeito exterior, nesses mesmos momentos eles estão fumegando em seus corações e os mantêm em maior horror do que os animais selvagens. Essa é a glória e a honra que se acumulam sobre os favoritos influentes por seus serviços feitos às pessoas que, se pudessem dilacerar seus corpos vivos, ainda clamariam por mais, apenas meio saciadas pela agonia que poderiam contemplar. Pois mesmo quando os favoritos estão mortos, aqueles que vivem depois nunca são preguiçosos demais para negar os nomes desses devoradores de homens* com a tinta de mil canetas, rasgar sua reputação em pedaços em mil livros e arrastar, por assim dizer, seus ossos para além da posteridade, castigando-os para sempre após sua morte por suas vidas perversas.

Aprendamos, portanto, enquanto ainda há tempo, aprendamos a fazer o bem. Levantemos nossos olhos para o céu em nome de nossa honra, pelo próprio amor à virtude ou, para falar sabiamente, pelo amor e louvor a Deus Todo-Poderoso, que é a infalível testemunha de nossas ações e o justo juiz de nossas faltas. Quanto a mim, acredito verdadeiramente que estou certo, pois não há nada tão contrário a um Deus generoso e amoroso como a tirania — acredito que Ele reservou, num lugar à parte no Inferno, algum castigo muito especial para os tiranos e seus cúmplices.

---

* O termo foi usado por Homero na *Ilíada*, Livro I, 341. (N. do T.)

A
DESOBEDIÊNCIA
CIVIL

HENRY DAVID THOREAU
[1849]

TRADUÇÃO:
CLÁSSICOS JACKSON

Aceito com entusiasmo o lema "O melhor governo é o que menos governa"; e gostaria que ele fosse aplicado de forma mais rápida e sistemática. Levado às últimas consequências, ele tem o seguinte significado, no qual também acredito: "O melhor governo é o que não governa de modo algum"; e, quando os homens estiverem preparados, será esse o tipo de governo que terão. O governo, no melhor dos casos, nada mais é do que uma conveniência; ocorre, porém, que a maioria dos governos é inconveniente — e todos eles algum dia acabam por sê-lo. As objeções levantadas contra a existência de um exército permanente — numerosas, substantivas e que merecem prevalecer — podem também, no fim das contas, servir para protestar contra um governo permanente. O exército permanente é apenas um braço do governo permanente. O próprio governo, que é apenas a forma que o povo escolheu para executar sua vontade, está igualmente sujeito a abusos e perversões antes mesmo de que o povo possa agir através dele. Prova disso é a atual guerra contra o México,* obra de um

---

* O autor refere-se à guerra mexicano-americana (1846-1848), o primeiro grande conflito a colocar em prática a ideologia norte-americana do Destino Manifesto: a ideia de

O TRATADO DA DESOBEDIÊNCIA CIVIL

número relativamente pequeno de indivíduos que usam o governo permanente como um instrumento particular; isso porque, de início, o povo não teria consentido uma iniciativa dessas.

Esse governo norte-americano — que vem a ser ele senão uma tradição, ainda que recente, tentando-se transmitir inteira à posteridade, mas que a cada instante vai perdendo porções da sua integridade? Não tem a força nem a vitalidade de um único homem vivo, pois um único homem pode fazê-lo dobrar-se à sua vontade. O governo é uma espécie de revólver de brinquedo para o próprio povo; e decerto vai quebrar se por acaso os norte-americanos o usarem seriamente uns contra os outros, como uma arma de verdade. Mas nem por isso é menos necessário: o povo precisa dispor de uma ou outra máquina complicada e barulhenta para preencher sua concepção de governo. Desta forma, os governos são a prova de como os homens podem ter sucesso no ato de oprimir em proveito próprio, não importando se a opressão se volta também contra eles. Devemos admitir que é excelente; no entanto, esse governo em si mesmo nunca estimulou qualquer iniciativa a não ser pela rapidez com que se dispôs a não atrapalhar. *Ele* não mantém o país livre. *Ele* não povoa as terras do Oeste. *Ele* não educa. O responsável por tudo o que temos conseguido fazer é o próprio caráter inerente do povo norte-americano; e ele teria conseguido fazer consideravelmente mais se o governo não tivesse sido por vezes um obstáculo. Pois o governo é um artifício através do qual os homens conseguiriam de bom grado deixar em paz uns aos outros; e, como já foi dito, o máximo de sua conveniência só ocorre quando os governados são molestados o

que os Estados Unidos estavam destinados a expandir sua civilização, pautada na liberdade, por todo o continente, até o Pacífico. Como resultado, os Estados Unidos anexaram cerca de metade do território mexicano. Na época em que Thoreau compunha seu ensaio, a guerra ainda estava em andamento. (N. E.)

mínimo possível pelos seus governantes. Se não fossem feitos de borracha da Índia, os negócios e o comércio nunca conseguiriam ultrapassar os obstáculos que os legisladores teimam em plantar no seu caminho; e se fôssemos julgar esses homens levando em conta exclusivamente os efeitos dos seus atos — esquecendo as suas intenções —, eles mereceriam o enquadramento e as punições impostas a essas pessoas nocivas que gostam de obstruir as ferrovias.

No entanto, quero me pronunciar em termos práticos como cidadão, diferente daqueles que se chamam antigovernistas: o que desejo *imediatamente* é um governo melhor, e não o fim do governo. Se cada homem expressar o tipo de governo capaz de ganhar seu respeito, estaremos mais próximos de conseguir formá-lo.

No fim das contas, o motivo prático pelo qual se permite o governo da maioria e sua continuidade — uma vez passado o poder para as mãos do povo — não é sua maior tendência a emitir bons juízos nem porque possa parecer o mais justo aos olhos da minoria, mas sim porque a maioria é fisicamente mais forte. Porém, um governo no qual o mando da maioria prevalece em todas as questões não pode ser baseado na justiça, mesmo no entendimento limitado que os homens desta possuem. Não será possível haver um governo em que não seja a maioria que decida virtualmente o que é certo ou errado, mas a consciência? No qual a maioria decida apenas aquelas questões às quais seja aplicável a norma da conveniência? Deve o cidadão desistir da sua consciência, mesmo por um único instante ou em última instância, e se dobrar ao legislador? Por que motivo então cada homem é dotado de uma consciência? Na minha opinião, devemos ser em primeiro lugar homens, e só depois súditos. Não é desejável cultivar o respeito às leis no mesmo nível do respeito ao que é certo. A única obrigação que tenho direito de assumir é fazer a qualquer momento aquilo que julgo correto. Costuma-se dizer, e com

O TRATADO DA DESOBEDIÊNCIA CIVIL

toda a razão, que uma corporação não tem consciência; mas uma corporação de homens conscienciosos é uma corporação com consciência. A lei nunca fez os homens nem sequer um pouco mais justos; e o respeito reverente pela lei tem levado até mesmo os bem-intencionados a agir quotidianamente como mensageiros da injustiça. Um resultado comum e natural de um respeito indevido pela lei é a visão de uma coluna de soldados — coronel, capitão, cabos, combatentes e outros — marchando para a guerra numa ordem impecável, cruzando morros e vales, contra sua vontade, e como sempre contra seu senso comum e sua consciência; por isso essa marcha é muito pesada e faz o coração bater forte. Eles sabem perfeitamente que estão envolvidos numa iniciativa maldita; eles têm tendências pacíficas. O que são eles, então? Chegarão a ser homens? Ou pequenos fortes e paióis móveis, a serviço de algum inescrupuloso detentor do poder? É só visitar o Estaleiro Naval e contemplar um fuzileiro: eis aí o tipo de homem que um governo norte-americano é capaz de fabricar — ou transformar com sua magia sombria —, uma sombra pálida, uma vaga recordação da condição humana, um cadáver de pé e vivo que, no entanto, se poderia considerar enterrado sob armas com acompanhamento fúnebre, embora possa acontecer que

Nem um rufar se ouviu nem um silente toque,
Enquanto seu corpo à muralha levamos.
Nem um soldado disparou seu tiro de adeus
sobre o túmulo onde nosso herói nós enterramos.*

---

* Versos de "The Burial of Sir John Moore at Corunna", de Charles Wolfe (1791-1823). *"Not a drum was heard, not a funeral note,/ As his corse to the rampart we hurried./ Not a soldier discharged his farewell shot/ O'er the grave where our hero we buried."* (N. E.)

A DESOBEDIÊNCIA CIVIL

Desta forma, a massa de homens serve ao Estado não na sua qualidade de homens, mas sim de máquinas, entregando-lhe seus corpos. São o exército permanente, a milícia, os carcereiros, os policiais, *posse comitatus*,* e assim por diante. Na maior parte dos casos, não há qualquer livre exercício de escolha ou de avaliação moral; ao contrário, esses homens nivelam-se à madeira, à terra e às pedras; e é bem possível que se consigam fabricar bonecos de madeira com o mesmo valor de homens desse tipo. Não são mais respeitáveis do que um espantalho ou um monte de terra. Valem tanto quanto cavalos e cachorros. Porém, é comum que homens assim sejam apreciados como bons cidadãos. Há outros, como a maioria dos legisladores, políticos, advogados, funcionários e dirigentes, que servem ao Estado principalmente com a cabeça, e é bem provável que sirvam tanto ao diabo quanto a Deus — sem intenção —, pois raramente se dispõem a fazer distinções morais. Há um número bastante reduzido que serve ao Estado também com sua consciência; são os heróis, patriotas, mártires, reformadores e *homens*, que acabam por isso necessariamente resistindo, mais do que servindo; e o Estado trata-os geralmente como inimigos. Um homem sábio só será de fato útil como homem, e não se sujeitará à condição de "barro" a ser moldado para "tapar um buraco e cortar o vento"; ele preferirá deixar esse papel, na pior das hipóteses, para suas cinzas:

Nasci nobre demais para ser propriedade,

Para ser segundo no comando

Ou serviçal utilizável e instrumento

De qualquer soberano Estado deste mundo**

---

* O *posse comitatus* (do latim "poder do condado"), na *common law*, é um grupo de pessoas mobilizadas por aquele que tem a incumbência de conservar a paz — normalmente um xerife — para eliminar todo tipo de ilegalidade ou defender o condado. (N. E.)

** Versos de *Rei João*, de Shakespeare, Ato V, Cena II: "*I am too high-born to be propertied,/ To be a secondary at control/ Or useful serving-man and instrument/ To any sovereign state throughout the world.*" (N. E.)

O TRATADO DA DESOBEDIÊNCIA CIVIL

Os que se entregam completamente aos seus semelhantes são por eles considerados inúteis e egoístas; mas aqueles que se dão parcialmente são entronizados como benfeitores e filantropos.

Qual comportamento é digno de um homem perante o atual governo dos Estados Unidos? Minha resposta é que o homem inevitavelmente se degrada pelo fato de estar associado a ele. Nem por um minuto posso considerar *meu* governo uma organização política que é também o governo do *escravo*.

Todos reconhecem o direito à revolução, ou seja, o direito de negar lealdade e de oferecer resistência ao governo sempre que sua tirania e ineficiência se tornarem grandes e insuportáveis. No entanto, quase todos dizem que isso não acontece agora. Consideram, porém, que aconteceu em 1775.* Se alguém me dissesse que o nosso governo é mau porque estabeleceu certas taxas sobre bens estrangeiros que chegam aos seus portos, o mais provável é que eu não criasse qualquer caso, pois posso muito bem passar sem eles: todas as máquinas têm seu atrito e talvez isso faça com que o bom e o mau se compensem. De qualquer forma, fazer alvoroço por causa disso é um grande mal. Mas quando o próprio atrito passa a liderar a máquina e vemos a organização da tirania e do roubo, afirmo que devemos repudiar essa máquina. Em outras palavras, quando um sexto da população de um país que se elegeu como o refúgio da liberdade é composto de escravos, e quando todo um país é injustamente assaltado e conquistado por um exército estrangeiro e submetido à lei marcial, devo dizer que não é cedo demais para a rebelião e a revolução dos homens honestos. E esse dever é tão mais urgente pelo fato de que o país atacado não é o nosso, pois nosso é o exército invasor.

* Ano em que se travou a primeira batalha da Guerra de Independência dos Estados Unidos. (N. E.)

A DESOBEDIÊNCIA CIVIL

William Paley, uma autoridade em assuntos morais, tem um capítulo intitulado "Duty of Submission to Civil Government" [O dever de submissão ao governo civil], no qual soluciona toda a questão das obrigações políticas pela fórmula da conveniência; e diz: "Enquanto assim exigir o interesse de toda a sociedade, ou seja, enquanto não se possa resistir ao governo estabelecido ou mudá-lo sem inconveniência pública, é a vontade de Deus que tal governo seja obedecido — e nem um dia além disso. Admitindo-se esse princípio, a justiça de cada ato particular de resistência reduz-se à computação do volume de perigo e protestos, de um lado, e da probabilidade e custos da reparação, de outro". Diz ele que cada um julgará essa questão por si mesmo, mas parece que Paley nunca levou em conta os casos em que a regra da conveniência não se aplica, nos quais um povo ou um indivíduo tem que fazer justiça a qualquer custo. Se arranquei injustamente a tábua que é a salvação de um homem que se afoga, sou obrigado a devolvê-la, ainda que eu mesmo me afogue. De acordo com Paley, essa é uma circunstância inconveniente, mas quem quiser se salvar assim acabará perdendo a vida. O povo norte-americano deve pôr fim à escravidão e parar de guerrear com o México, mesmo que isso lhe custe a existência enquanto povo.

As nações, na sua prática, concordam com Paley, mas haverá quem considere que Massachusetts esteja agindo corretamente na crise atual?

> *Uma rameira de classe, uma roupa prateada na lama,*
> *Levanta a cauda do vestido e arrasta no chão a sua alma**

---

* Versos de *The Revenger's Tragedy*, de Cyril Tourneur (1575-1626). *"A drab of state, a cloth-o'-silver slut,/ To have her train borne up, and her soul trail in the dirt."* (N. E.)

O TRATADO DA DESOBEDIÊNCIA CIVIL

Em termos práticos, os que se opõem à abolição em Massachusetts não são uns 100 mil políticos do sul, mas uns 100 mil comerciantes e fazendeiros daqui, que se interessam mais pelos negócios e pela agricultura do que pela humanidade e que não estão dispostos a fazer justiça aos escravos e ao México, *custe o que custar*. Não discuto com inimigos distantes, mas com aqueles que, bem perto de mim, cooperam com a posição de homens que estão longe daqui e defendem-na; esses últimos seriam inofensivos se não fosse por aqueles. Estamos acostumados a afirmar que os homens em geral são despreparados; mas as melhorias são lentas, porque a minoria não é substantivamente mais sábia ou melhor do que a maioria. Não é tão importante que muitos sejam tão bons quanto você, e sim que haja em algum lugar alguma porção absoluta de virtude; isso bastará para fermentar toda a massa. Há milhares de pessoas cuja *opinião* é contrária à escravidão e à guerra; apesar disso, nada fazem de efetivo para pôr fim a ambas; dizem-se filhos de Washington e Franklin, mas ficam sentados com as mãos nos bolsos, dizendo não saber o que pode ser feito e nada fazendo; chegam a colocar a questão do livre comércio à frente da questão da liberdade e ficam quietos lendo as cotações do dia junto com os últimos boletins militares sobre a campanha do México; é possível até que acabem por adormecer durante a leitura. Qual é a cotação de hoje de um homem honesto e patriota? Eles hesitam, arrependem-se e às vezes assinam petições, mas nada fazem de sério ou de efetivo. Com muito boa disposição, preferem esperar que outros remedeiem o mal, de forma que nada reste para motivar seu arrependimento. No melhor dos casos, nada mais farão do que depositar na urna um voto insignificante, cumprimentar timidamente a atitude certa e, de passagem, desejar-lhe boa sorte. Há 999 patronos da virtude e apenas um homem virtuoso;

mas é mais fácil lidar com o verdadeiro dono de algo do que com seu guardião temporário.

Toda a votação é um tipo de jogo, tal como damas ou gamão, com uma leve coloração moral, onde se brinca com o certo e o errado sobre questões morais; e é claro que há apostas nesse jogo. O caráter dos eleitores não entra nas avaliações. Proclamo o meu voto — talvez — de acordo com meu critério moral; mas não tenho um interesse vital de que o certo saia vitorioso. Estou disposto a deixar essa decisão para a maioria. O compromisso de votar, desta forma, nunca vai mais longe do que as conveniências. Nem mesmo o ato de votar *pelo que é certo* implica *fazer algo* pelo que é certo. É apenas uma forma de expressar publicamente o meu anêmico desejo de que o certo venha a prevalecer. Um homem sábio não deixará o que é certo nas mãos incertas do acaso e nem esperará que sua vitória se dê pela força da maioria. Há escassa virtude nas ações de massa dos homens. Quando finalmente a maioria votar a favor da abolição da escravatura, ou ela será porque a maioria é indiferente à escravidão, ou então restará muito pouca escravidão a ser abolida pelo seu voto. A essa altura, os únicos escravos serão *eles*, os integrantes da maioria. O *único* voto que pode apressar a abolição da escravatura é o daquele homem que afirma a própria liberdade através do seu voto.

Estou informado de que haverá em Baltimore, ou em outro lugar qualquer, uma convenção para escolher um candidato à presidência; essa convenção é composta principalmente por editores de jornais e políticos profissionais; mas que importância terá a possível decisão dessa reunião para um homem independente, inteligente e respeitável? No fim das contas, ainda poderemos contar com as vantagens da sua sabedoria e da sua honestidade, não é mesmo? Será que não poderemos prever alguns votos independentes? Não haverá muitas pessoas neste país que não frequentam convenções? Mas não é isso o que ocorre: percebo que o homem considerado respeitável logo abandona sua posição e passa a não ter mais esperanças no seu país, quando o mais certo seria que seu país se desesperasse dele. A partir disso, ele adere a um dos candidatos assim selecionados por ser o único *disponível*, apenas para provar que ele mesmo está *disponível* para todos os planos do demagogo. O voto de um homem desses não vale mais do que o voto eventualmente comprado de um estrangeiro inescrupuloso ou do nativo venal. Oh! É preciso um homem que seja um *homem* e que tenha, como diz um vizinho meu, uma coluna dorsal que não se dobre aos poderosos! Nossas estatísticas estão erradas: contou-se gente demais. Quantos *homens* existem em cada mil quilômetros quadrados deste país? Dificilmente se contará um. A América oferece ou não incentivos para a imigração de homens? Os homens norte-americanos foram rareando até a dimensão de uma irmandade secreta como a dos Odd Fellows,* cujo integrante típico pode ser identificado pelo seu descomunal caráter gregário, pela manifesta falta de inteligência e pela jovial autoconfiança; sua preocupação primeira e maior ao dar entrada nesse mundo é a de verificar se os asilos estão em boas condições de funcionamento; antes mesmo de ter direito a envergar roupas de adulto, ele organiza uma coleta de fundos para as viúvas e órfãos que porventura existam; em poucas palavras, é um homem que só ousa viver com a ajuda da Companhia de Seguros Mútuos, que lhe prometeu um enterro decente.

---

* A Independent Order of Odd Fellows (Ordem Independente dos Camaradas Ímpares, em tradução livre) é uma organização fraternal internacional apolítica cujo lema é "Amizade, Amor e Verdade". Se na época do autor podia ser uma fraternidade secreta, ao longo dos anos tornou-se mais popular que a própria maçonaria e, segundo seus registros, é uma organização focada em fazer caridade e ajudar os menos favorecidos. (N. E.)

A DESOBEDIÊNCIA CIVIL

De fato, nenhum homem tem o dever de se dedicar à erradicação de qualquer mal, mesmo o maior dos males; ele pode muito bem ser mobilizado por outras preocupações. Entretanto, no mínimo ele tem a obrigação de manter as mãos limpas frente à questão e, no caso de não mais se ocupar dela, de não dar qualquer apoio prático à injustiça. Se me dedico a outras metas e considerações, preciso ao menos verificar se não estou fazendo isso à custa de alguém em cujos ombros esteja sentado. É preciso que eu saia de cima dele para que ele também possa estar livre para fazer as suas considerações. Vejam como se tolera uma inconsistência das mais grosseiras. Já ouvi alguns dos meus conterrâneos dizerem: "Queria que eles me convocassem para ir combater um levante de escravos ou para atacar o México — pois eu não iria"; no entanto, cada um desses homens possibilitou o envio de um substituto, fazendo isso diretamente pela sua fidelidade ao governo ou pelo menos indiretamente por meio de seu dinheiro. O soldado que se recusa a participar de uma guerra injusta é aplaudido por aqueles que não recusam apoio ao governo injusto que faz a guerra; é aplaudido por aqueles cuja ação e autoridade ele despreza e desvaloriza; tudo funciona como se o Estado estivesse suficientemente arrependido para contratar um crítico dos seus pecados, mas insuficientemente arrependido para interromper por um instante sequer os seus atos pecaminosos. Estamos todos, desta forma, em conformidade com a ordem e o governo civil, reunidos para homenagear e dar apoio à nossa própria crueldade. Se ruborizamos ante o nosso primeiro pecado, logo depois se instala a indiferença. Passamos do imoral ao *não* moral, e isso não é tão desnecessário assim para o tipo de vida que construímos.

O mais amplo e comum dos erros exige a virtude mais generosa para se manter. São os nobres os mais passíveis de proferir os

O TRATADO DA DESOBEDIÊNCIA CIVIL

moderados ataques a que comumente está sujeita a virtude do patriotismo. Sem dúvida, os maiores baluartes conscienciosos do governo, e muito frequentemente os maiores opositores das reformas, são aqueles que desaprovam o caráter e as medidas de um governo, sem no entanto lhe retirar sua lealdade e apoio. Há gente coletando assinaturas para fazer petições ao estado de Massachusetts no sentido de dissolver a União e de desprezar as recomendações do presidente. Ora, por que eles mesmos não dissolvem essa união entre eles e o estado e se recusam a pagar sua cota de impostos? Não se encontram, em relação ao estado, na mesma relação que este mantém com a União? E não são as mesmas razões as que evitaram a resistência do estado à União e a resistência deles ao estado? Como pode um homem se satisfazer com a mera posse de uma opinião e se deleitar dela? Pode haver algum deleite na opinião se ela for a de que o homem se vê ofendido? Se seu vizinho lhe subtrai um mero dólar, você não se satisfaz com a descoberta da trapaça, com a proclamação de que foi trapaceado e nem mesmo lhe peticionando que o reembolse devidamente; o que você faz é tomar medidas efetivas e imediatas para ter seu dinheiro de volta e cuidar para nunca mais ser enganado. Ações baseadas em princípios — a percepção e a execução do que é certo — modificam coisas e relações; são essencialmente revolucionárias e não se reduzem integralmente a qualquer coisa preexistente. Elas cindem não apenas estados e igrejas; divide famílias; e também divide o *indivíduo*, separando nele o diabólico do divino.

Leis injustas existem; devemos nos submeter a elas e cumpri-las, ou devemos tentar melhorá-las e obedecer a elas até obtermos sucesso, ou devemos transgredi-las imediatamente? Numa sociedade com um governo como o nosso, os homens em geral pensam que devem esperar até que tenham convencido a maioria a alterar essas leis. Sua opinião é de que a hipótese da resistência pode vir a ser um remédio pior do que o mal a ser combatido, mas é precisamente o governo o culpado pela circunstância de o remédio *ser de fato* pior do que o mal. É o *governo* que faz tudo ficar pior. Por que o governo não é mais capaz e se antecipa para lutar pela reforma? Por que não valoriza sua sábia minoria? Por que chora e resiste antes de ser atacado? Por que não estimula a participação ativa dos cidadãos para que esses lhe apontem as falhas, de modo que possa ter *um desempenho* melhor do que eles lhe exigem? E por que lhe exigem? Por que sempre crucifica Jesus Cristo, excomunga Copérnico e Lutero e qualifica Washington e Franklin de rebeldes?

Não é absurdo pensar que o único tipo de transgressão que o governo nunca previu foi a negação deliberada e prática de sua autoridade; se não fosse assim, por que então não teria ele estabelecido a penalidade clara, cabível e proporcional? Se um homem sem propriedade se recusa pela primeira vez a recolher nove xelins aos cofres do Estado, é preso por um prazo não limitado por qualquer lei que eu conheça; esse prazo é determinado exclusivamente pelo arbítrio dos que o enviam à prisão.

Mas se ele resolver roubar noventa vezes nove xelins do Estado, em breve estará novamente em liberdade.

Se a injustiça é parte do inevitável atrito no funcionamento da máquina governamental, que assim seja: talvez ela acabe suavizando-se com o desgaste — certamente a máquina ficará desajustada. Se a injustiça for uma peça dotada de mola exclusiva — ou roldana, ou corda, ou manivela —, aí então talvez seja válido julgar se o remédio não será pior do que o mal; mas se for de tal natureza que exija que você seja o agente de uma injustiça para outros, digo, então, que se transgrida a lei. Faça da sua vida um contra-atrito que pare a máquina. O que preciso fazer é cuidar para que de modo algum eu participe das misérias que condeno.

O TRATADO DA DESOBEDIÊNCIA CIVIL

No que diz respeito às vias pelas quais o Estado espera que os males sejam remediados, devo dizer que não as conheço. Elas são muito demoradas, e a vida de um homem pode chegar ao fim antes que elas produzam algum efeito. Tenho outras coisas para fazer. Não vim a este mundo com o objetivo principal de fazer dele um bom lugar para morar, mas apenas para morar nele, seja bom ou mau. Um homem não carrega a obrigação de fazer tudo, mas apenas alguma coisa; e só porque não pode fazer *tudo* não é necessário que faça *alguma coisa* errada. Não está dentro das minhas incumbências apresentar petições ao governador e à Assembleia Legislativa, da mesma forma que eles nada precisam fazer de semelhante em relação a mim. Suponhamos que eles não deem atenção a um pedido meu; que devo fazer então? Mas nesse caso o Estado não forneceu outra via: o mal está na sua própria Constituição. Isso pode parecer grosseria, teimosia e intransigência, mas só quem merece ou pode apreciar a mais fina bondade e consideração deve receber esse tipo de tratamento. Todas as mudanças para melhor são assim, tais como o nascimento e a morte, que produzem convulsões nos corpos.

Não hesito em afirmar que todos os que se intitulam abolicionistas devem imediata e efetivamente retirar seu apoio — em termos pessoais e de propriedade — ao governo do estado de Massachusetts, e não ficar esperando até que consigam formar a mais estreita das maiorias para só então alcançar o sofrido direito de vencer através dela. Creio que basta saber que Deus está do seu lado, o que vale mais do que o último votante a fazer majoritárias as suas fileiras. E, além de tudo, qualquer homem mais correto do que os seus vizinhos já constitui uma maioria apertada.

É apenas uma vez por ano, e não mais do que isso, que me encontro cara a cara com esse governo norte-americano ou com o governo estadual que o representa: é quando sou procurado pelo

A DESOBEDIÊNCIA CIVIL

coletor de impostos; essa é a única instância em que um homem na minha situação não pode deixar de se encontrar com esse governo; e ele aproveita a oportunidade e diz claramente: "Reconheça-me". E não há outra forma mais simples, mais efetiva e, na conjuntura atual, mais indispensável de lidar com o governo neste particular, de expressar sua pouca satisfação ou seu pouco amor em relação a ele: é preciso negá-lo, naquele local e momento. O coletor de impostos é meu vizinho e concidadão, e é com ele que tenho de lidar porque, afinal de contas, estou lutando contra homens, e não contra o pergaminho das leis, e sei que ele voluntariamente optou por ser um agente governamental. Haverá outro modo de ele ficar sabendo claramente o que é e o que fiz enquanto agente do governo, ou enquanto homem, a não ser quando forçado a decidir que tratamento vai dar a mim, o vizinho que ele respeita como tal e como homem de boa índole, ou que ele considera um maníaco e desordeiro? Será ele capaz de superar esse obstáculo à sua sociabilidade sem um pensamento ou uma palavra mais rude ou mais impetuoso a acompanhar sua ação? Disto estou certo: se mil ou cem, se dez homens que conheço — apenas dez homens *honestos* ou até um único homem *honesto* do estado de Massachusetts, *não mais sendo dono de escravos*, decidisse pôr fim ao seu vínculo com o estado, para logo em seguida ser trancado na cadeia municipal, estaria ocorrendo nada menos do que a abolição da escravatura nos Estados Unidos da América. Pois não importa que os primeiros passos pareçam pequenos: o que se faz bem-feito faz-se para sempre. Em vez disso, preferimos debater o assunto: essa é nossa missão, dizemos. Há dezenas de jornais nas fileiras do abolicionismo, mas não há um único homem. Meu querido vizinho, que desempenhou o papel de embaixador de Massachusetts e que sempre se dedica à resolução das questões dos direitos humanos na Câmara do Conselho, esteve ameaçado de

O TRATADO DA DESOBEDIÊNCIA CIVIL

amargar uma prisão na Carolina do Sul; no entanto, se tivesse sido prisioneiro do estado de Massachusetts, esse estado que ansiosamente lança à Carolina do Sul a acusação de pecar pela escravidão (embora atualmente não encontre nada além de uma atitude pouco hospitaleira como motivo para brigar com ela), o nosso Legislativo não seria capaz de adiar liminarmente o assunto da escravidão até o próximo inverno.

Sob um governo que prende qualquer homem injustamente, o verdadeiro lugar para um homem justo é também a prisão. Hoje em dia, o lugar próprio, o único lugar que Massachusetts reserva para seus habitantes mais livres e menos desalentados são suas prisões, nas quais serão confinados e trancados longe do estado, por um ato deste próprio, pois os que vão para a prisão já antes tinham se confinado nos seus princípios. E aí que devem ser encontrados quando forem procurados pelos escravos fugitivos, pelo prisioneiro mexicano em liberdade condicional e pelos indígenas, para ouvir as denúncias sobre as humilhações impostas aos seus povos; é aí, nesse chão discriminado, mas tão mais livre e honroso, onde o Estado planta os que não estão *com ele*, mas sim *contra ele* — a única casa num estado-senzala na qual um homem livre pode perseverar com honra. Se há alguém que pense ser a prisão um lugar de onde não mais se pode influir, no qual sua voz deixa de atormentar os ouvidos do Estado, no qual não conseguiria ser tão hostil a ele, esse alguém ignora o quanto a verdade é mais forte que o erro e também não sabe como a injustiça pode ser combatida com muito mais eloquência e efetividade por aqueles que já sofreram na carne um pouco dela. Manifeste integralmente seu voto e exerça toda a sua influência; não se deixe confinar por um pedaço de papel. Uma minoria é indefesa quando se conforma à maioria; não chega nem a ser uma minoria numa situação dessas; mas é irresistível quando intervém com todo

A DESOBEDIÊNCIA CIVIL

o seu peso. Se a alternativa ficar entre manter todos os homens justos na prisão ou desistir da guerra e da escravidão, o Estado não hesitará na escolha. Se, este ano, mil homens deixassem de pagar seus impostos, isso não seria uma iniciativa tão violenta e sanguinária quanto o próprio pagamento, pois neste caso o Estado fica capacitado para cometer violências e para derramar o sangue dos inocentes. Essa é, na verdade, a definição de uma revolução pacífica, se é que é possível uma coisa dessas. Se, como já ouvi um deles me perguntar, o coletor de impostos ou outro funcionário público qualquer indagar: "Mas o que devo fazer agora?", minha resposta é: "Se de fato quiser fazer alguma coisa, então renuncie ao seu cargo". Quando o súdito negou a lealdade, e o funcionário renunciou ao seu cargo, então a revolução completou-se. Mas vamos supor que haja violência. Não poderíamos considerar que uma agressão à consciência também provoca um tipo de ferimento grave? Um ferimento desses provoca a perda da autêntica humanidade e da imortalidade de um homem, e ele sangra até uma morte eterna. Posso ver esse sangue correndo, agora mesmo.

Especulei sobre a prisão do infrator e não sobre o confisco dos seus bens — embora ambas as medidas sirvam ao mesmo fim —, porque os que afirmam o certo e que, por isso, são os seres mais perigosos para um Estado corrupto, em geral não gastam muito do seu tempo na acumulação de propriedades. Para homens assim, o Estado presta serviços relativamente pequenos e um imposto bem leve tende a ser considerado exorbitante, particularmente quando são obrigados a realizar um trabalho especial para conseguir a quantia cobrada. Se houvesse quem pudesse viver inteiramente sem usar o dinheiro, o próprio Estado hesitaria em exigir que ele lhe entregasse uma quantia. O homem rico, no entanto — e não pretendo estabelecer uma comparação invejosa —, é sempre um ser vendido à instituição que o enriquece. Falando em termos absolutos, quanto mais dinheiro, menos virtude; pois o dinheiro interpõe-se entre um homem e seus objetivos e permite que ele os compre; obter alguma coisa dessa forma não é uma grande virtude. O dinheiro acalma muitas perguntas que de outra forma ele se veria pressionado a fazer; de outro lado, a única pergunta nova que o dinheiro suscita é difícil, embora supérflua: "Como gastá-lo?". Um homem assim fica, portanto, sem uma base moral. As oportunidades de viver diminuem proporcionalmente ao acúmulo daquilo que se chama de "meios". A melhor coisa a fazer em prol da cultura do seu tempo por um homem rico é realizar os planos que tinha quando ainda era pobre. Cristo respondeu aos seguidores de Herodes de acordo com a situação deles. "Mostrem-me o dinheiro dos tributos", disse ele; e um deles tirou uma moeda do bolso. Disse então Jesus Cristo: "Se vocês usam o dinheiro com a imagem de César, dinheiro que ele colocou em circulação e ao qual deu valor, ou seja, *se vocês são homens do Estado* e estão felizes de se aproveitar das vantagens do governo de César, então devolvam-no parte do dinheiro em pagamento quando ele o exigir. Portanto, dai a César o que é de César, e a Deus o que é de Deus"; Cristo não lhes disse nada sobre como distinguir um do outro, pois eles mesmos não queriam saber.

Quando converso com os mais livres entre os meus vizinhos, percebo que, independentemente do que digam a respeito da grandeza e da seriedade do problema e de sua preocupação com a tranquilidade pública, no fim das contas tudo se reduz ao seguinte: eles não podem abrir mão da proteção do governo atual e temem as consequências que sua rebeldia provocaria nas suas propriedades e famílias. Da minha parte, não gosto de imaginar que possa vir algum dia a depender da proteção do Estado. Por outro lado, se eu negar a autoridade do Estado quando ele vier apresentar minha conta de

A DESOBEDIÊNCIA CIVIL

impostos, ele logo confiscará e dissipará a minha propriedade e tratará de me hostilizar e à minha família para sempre. Essa é uma perspectiva muito dura e torna impossível uma vida simultaneamente honesta e confortável em aspectos exteriores. Não valeria a pena acumular propriedade; ela certamente se perderia de novo. O que se tem a fazer é arrendar alguns alqueires ou ocupar uma terra devoluta, cultivar em pequena escala e consumir logo toda a sua produção. Você tem que viver dentro de si mesmo e depender de si mesmo, sempre de mala feita e pronto para recomeçar; não deve desenvolver muitos vínculos. Até mesmo na Turquia você pode ficar rico, se em tudo for um bom súdito do governo turco. Confúcio disse: "Se um Estado é governado pelos princípios da razão, a pobreza e a desgraça são questões de vergonha; se um Estado não é governado pelos princípios da razão, a riqueza e as honrarias é que são as questões de vergonha". Não! Até eu desejar que a proteção do estado de Massachusetts me alcance em algum remoto porto sulino, onde minha liberdade esteja correndo risco, ou até eu me dedicar apenas a construir pacificamente um patrimônio aqui no meu estado, posso negar minha lealdade a Massachusetts e negar seu direito à minha propriedade e à minha vida. Sai mais barato, em todos os sentidos, sofrer a penalidade pela desobediência ao estado do que obedecer. Nesse caso, obedecer faria com que eu me sentisse diminuído.

Há alguns anos, o Estado me procurou em nome da Igreja e me intimou a pagar uma certa quantia destinada a sustentar um clérigo cujos sermões meu pai costumava frequentar, mas aos quais eu mesmo nunca fui. "Pague ou será trancado na cadeia", disse o Estado. Eu me recusei a pagar. Infelizmente, no entanto, outro homem achou melhor fazer o pagamento em meu nome. Não pude compreender por que o mestre-escola deveria pagar imposto para sustentar o clérigo e não o clérigo contribuir para o sustento do mestre-escola; pois eu não era mestre-escola do Estado, e sustentava-me com subscrições voluntárias.

Não vi motivo pelo qual o liceu não devesse apresentar sua conta de impostos e fazer com que o Estado apoiasse, junto com a organização religiosa, essa sua pretensão. No entanto, os conselheiros municipais pediram-me e eu concordei em fazer uma declaração por escrito cuja redação ficou mais ou menos assim: "Saibam todos quantos lerem esta declaração que eu, Henry Thoreau, não desejo ser considerado integrante de qualquer sociedade organizada à qual não tenha aderido". Entreguei o texto ao secretário da municipalidade. Deve estar com ele até hoje. Sabendo, portanto, que eu não queria ser considerado membro daquela organização religiosa, o Estado nunca mais me fez uma exigência parecida; considerava, no entanto, que estava certo e que deveria continuar a operar a partir dos pressupostos originais com que me abordou. Se fosse possível saber seus nomes, eu teria me desligado minuciosamente, na mesma ocasião, de todas as organizações das quais não era membro; mas não soube onde encontrar uma lista completa delas.

Há seis anos que não pago o imposto individual.* Fui encarcerado certa vez por causa disso, e fiquei uma noite preso; enquanto o tempo passava, fui observando as paredes de pedra sólida com quase um metro de espessura, a porta de madeira e ferro com trinta centímetros de espessura e as grades de ferro que dificultavam a entrada da luz, e não pude deixar de perceber a idiotice de uma instituição que me tratava como se eu fosse apenas carne e sangue e ossos a serem trancafiados. Fiquei especulando que ela devia ter

---

* Antes de meados do século XX, um *"poll-tax"*, ou tributo *per capita*, era um valor fixo cobrado em algumas jurisdições estaduais e locais dos EUA, de todos os cidadãos, independentemente de renda. Pagá-lo era um requisito ao direito de voto. (N. E.)

A DESOBEDIÊNCIA CIVIL

concluído, finalmente, que aquela era a melhor forma de me usar e, também, que ela jamais cogitara se aproveitar dos meus serviços de alguma outra maneira. Vi que, apesar da grossa parede de pedra entre mim e meus concidadãos, eles tinham uma muralha muito mais difícil de vencer antes de conseguirem ser tão livres quanto eu. Nem por um momento me senti confinado, e as paredes pareceram-me um desperdício descomunal de pedras e argamassa. Meu sentimento era de que eu tinha sido o único dos meus concidadãos a pagar o imposto. Estava claro que eles não sabiam como lidar comigo e que se comportavam como pessoas pouco educadas. Havia um erro crasso em cada ameaça e em cada saudação, pois eles pensavam que meu maior desejo era o de estar do outro lado daquela parede de pedra. Não pude deixar de sorrir perante os cuidados com que fecharam a porta e trancaram minhas reflexões — que os acompanhavam porta afora sem delongas ou dificuldade; e o perigo estava de fato contido *nelas*.

Como eu estava fora do seu alcance, resolveram punir meu corpo; agiram como meninos incapazes de enfrentar uma pessoa de quem sentem raiva e que então dão um chute no cachorro do seu desafeto. Percebi que o Estado era um idiota, tímido como uma solteirona às voltas com sua prataria, incapaz de distinguir os amigos dos inimigos; perdi todo o respeito que ainda tinha por ele e passei a considerá-lo apenas lamentável.

Portanto, o Estado nunca confronta intencionalmente o sentimento intelectual ou moral de um homem, mas apenas seu corpo, seus sentidos. Não é dotado de gênio superior ou de honestidade, apenas de mais força física. Não nasci para ser coagido. Quero respirar da forma que eu mesmo escolher. Veremos quem é mais forte. Que força tem uma multidão? Os únicos que podem me coagir são os que obedecem a uma lei mais alta do que a minha. Eles me obrigam a ser como eles. Nunca ouvi falar de *homens* que tenham sido *obrigados* por multidões a viver desta ou daquela forma. Que tipo de vida seria essa? Quando defronto um governo que me diz "O dinheiro ou a vida!", por que deveria apressar-me em lhe entregar meu dinheiro? Ele talvez esteja passando por um grande aperto, sem saber o que fazer. Não posso ajudá-lo. Ele deve cuidar de si mesmo; deve agir como eu ajo. Não vale a pena choramingar sobre o assunto. Não sou individualmente responsável pelo bom funcionamento da máquina da sociedade. Não sou o filho do maquinista. No meu modo de ver, quando sementes de carvalho e de castanheira caem lado a lado, uma delas não se retrai para dar vez à outra; pelo contrário, cada uma segue as suas próprias leis, e brota, cresce e floresce da melhor maneira possível, até que uma por acaso acabe superando e destruindo a outra. Se uma planta não puder viver de acordo com sua natureza, ela morre; o mesmo acontece com um homem.

A noite que passei na prisão, além de uma novidade, foi também bem interessante. Os prisioneiros, em mangas de camisa, distraíam-se conversando na entrada, aproveitando o vento fresco da noite; assim estavam quando me viram chegar. Mas o carcereiro disse-lhes: "Venham, rapazes, já é hora de trancar as portas"; ouvi o barulho dos seus passos enquanto caminhavam para seus compartimentos vazios. O carcereiro me apresentou meu companheiro de cela, qualificando-o como "um sujeito de primeira e um homem esperto". Trancada a porta, ele mostrou-me o cabide onde deveria pendurar meu chapéu e explicou-me como administrava as coisas por ali. As celas eram caiadas uma vez por mês; a nossa, pelo menos, era o apartamento mais branco, de mobiliário mais simples e provavelmente o mais limpo de toda a cidade. Naturalmente ele quis saber de onde eu vinha e por que tinha ido parar ali; quando lhe contei minha história, foi minha a vez de lhe perguntar a sua, na suposição evidente de que ele fosse um homem honesto; e, da maneira como as coisas estão, acredito que ele de fato fosse um homem honesto. Ele disse: "Ora, acusam-me de ter incendiado um celeiro; mas não fui eu". Pelo que pude perceber, ele provavelmente fora deitar-se, bêbado, num celeiro, não sem antes fumar seu cachimbo; e assim um celeiro perdeu-se no fogo. Ele tinha a fama de ser um homem esperto e estava ali aguardando o julgamento havia três meses; ainda tinha outros três meses a esperar; mas estava bem domesticado e contente, já que não pagava pela casa e comida e se considerava bem tratado.

Ele ocupava o espaço ao lado de uma janela, e eu, o da outra; percebi que se alguém ficasse ali por muito tempo acabaria tendo por atividade principal olhar pela janela. Em pouco tempo, eu tinha lido os folhetos que encontrara e fiquei observando os locais por onde antigos prisioneiros tinham fugido, vi onde uma grade tinha sido serrada e ouvi a história de vários hóspedes anteriores daquele aposento; pois acabei descobrindo que até mesmo ali circulavam histórias e tagarelices que não conseguiam atravessar as paredes da cadeia. Essa é provavelmente a única casa na cidade onde se escrevem poemas publicados em forma de circular, mas que não chegam a virar livros. Mostraram-me uma grande quantidade de poemas feitos por alguns jovens cuja tentativa de fuga tinha sido frustrada; eles vingavam-se declamando seus versos.

Tirei todas as informações que pude do meu companheiro de cela, pois temia nunca mais tornar a encontrá-lo; mas finalmente ele indicou-me a minha cama e deixou para mim a tarefa de apagar a lamparina.

Ficar ali deitado por uma única noite foi como viajar a um país distante, um país que eu nunca teria imaginado visitar. Pareceu-me que nunca antes ouvira o relógio da cidade dar as horas ou os ruídos noturnos da aldeia; isso porque dormíamos com as janelas abertas, instaladas por dentro das grades. Era como contemplar minha aldeia natal à luz da Idade Média, e o nosso familiar rio Concord transformou-se na torrente de um Reno; à minha frente desfilaram visões de cavaleiros e castelos. As vozes que eu ouvia nas ruas eram dos antigos burgueses. Fui espectador e testemunha involuntária de tudo o que se fazia e dizia na cozinha da vizinha hospedaria local — uma experiência inteiramente nova e rara para mim. Tive uma visão bem mais íntima da minha cidade natal. Eu estava razoavelmente perto da sua alma. Nunca antes vira suas instituições. Essa cadeia é uma das suas instituições peculiares, pois Concord é a sede do condado. Comecei a compreender o que preocupa seus habitantes.

Quando chegou a manhã, o nosso desjejum foi empurrado para dentro da cela através de um buraco na porta; era servido numa vasilha de estanho ajustada ao tamanho do buraco e consistia numa porção de meio litro de chocolate com pão preto; junto vinha uma colher de ferro. Quando do lado de fora pediram a devolução das vasilhas, minha inexperiência foi tanta que coloquei de volta o pão que não comera; mas meu companheiro pegou o pão e aconselhou-me a guardá--lo para o almoço ou para o jantar. Pouco depois, deixaram que ele saísse para trabalhar num campo de feno das vizinhanças, para onde se deslocava todos os dias; não voltaria antes do meio-dia; ele então me deu bom-dia e disse que duvidava que nos víssemos de novo.

Quando saí da prisão — pois alguém interferiu e pagou meu imposto —, percebi diferenças, não as grandes mudanças no dia a dia notadas por aqueles aprisionados ainda jovens e devolvidos já trôpegos e grisalhos. Ainda assim, uma nova perspectiva tinha-se instalado no meu modo de ver a cidade, o estado e o país, representando uma mudança maior do que se fosse causada pela mera passagem do tempo. Vi com clareza ainda maior o estado que eu habitava. Vi até que ponto podia confiar nos meus conterrâneos como bons vizinhos e amigos; e percebi que sua amizade era apenas para os momentos de tranquilidade; senti que eles não tinham grandes intenções de proceder corretamente; descobri que, tal como os chineses e malaios, eles formam uma raça diferente da minha, por causa dos seus preconceitos e superstições; constatei que eles não arriscam a si mesmos ou sua propriedade nos seus atos de sacrifício pela humanidade; vi que, no fim das contas, eles não são tão nobres a ponto de conseguir tratar o ladrão de forma diferente do que o ladrão os trata; e que só querem salvar a própria alma, através de ações de efeito, de algumas orações e da eventual observação dos limites particularmente estreitos e inúteis de um caminho de retidão. É possível que eu esteja proferindo um julgamento duro sobre meus vizinhos, pois acredito que a maioria deles não sabe que existe na sua cidade uma instituição tal como a cadeia.

Antigamente, no nosso povoado, havia o costume de saudar os pobres endividados que saíam da cadeia olhando-os através dos dedos dispostos em forma das barras de uma janela de prisão; e perguntava-se ao recém-liberto: "Como vai?". Não recebi essa saudação dos meus conhecidos, que primeiro me encaravam e depois se entreolhavam, como se eu acabasse de voltar de uma longa viagem. Eu tinha sido preso quando me dirigia ao sapateiro para buscar uma bota consertada. Quando fui solto na manhã seguinte, resolvi retomar o que estava fazendo e, depois de calçar a tal bota, juntei-me a um grupo que pretendia colher frutas silvestres e me queria como guia. Em pouco mais de meia hora — pois logo recebi um cavalo arreado —, chegamos ao topo de um dos nossos mais altos morros, onde abundavam frutas silvestres, a três quilômetros da cidade; e dali não se podia ver o Estado em lugar nenhum.

Esta é a história completa das "Minhas prisões".

O TRATADO DA DESOBEDIÊNCIA CIVIL

* * *

Nunca me recusei a pagar o imposto referente às estradas, pois minha vontade de ser um bom vizinho é tão grande quanto a de ser um péssimo súdito; no que toca à sustentação das escolas, atualmente faço minha parte na tarefa de educar meus conterrâneos. Não é um item particular dos impostos que me faz recusar o pagamento. Quero apenas negar lealdade ao Estado, quero me retirar e me manter, de fato, indiferente a ele. Não me importo em seguir a trajetória do dólar que paguei — mesmo se isso fosse possível —, até o ponto em que ele contrata um homem ou compra uma arma para matar um homem; o dólar é inocente. O que me importa é seguir os efeitos da minha lealdade. Na verdade, declaro guerra em silêncio contra o Estado, à minha moda, embora continue a usá-lo e a tirar vantagem dele enquanto puder, como costuma acontecer nessas situações.

Se outros pagam o imposto que o Estado exige de mim, nada mais fazem além do que já fizeram quando pagaram seu imposto, ou melhor, estimulam a injustiça além do limite que o Estado lhes pediu. Se eles pagam o imposto alheio a partir de um equivocado interesse pela sorte daquele que não paga, para salvar sua propriedade ou para evitar seu encarceramento, isso só ocorre porque não meditaram seriamente no quanto estão permitindo que seus sentimentos particulares interfiram no bem geral.

Esta, portanto, é minha posição atual. Mas não se pode ficar exageradamente de sobreaviso numa circunstância dessa, pelo risco de que tal atitude seja desviada pela obstinação ou pela preocupação indevida para com a opinião do próximo. Que cada um cuide de fazer apenas o que lhe cabe, e só no momento certo.

Por vezes penso assim: ora, esse povo tem boas intenções, mas é ignorante; faria melhor se soubesse como agir; por que incomodar meus vizinhos e forçá-los a me tratar de uma forma contrária às suas inclinações? Mas depois penso: não há motivo para proceder como eles ou para permitir que mais pessoas sofram outros tipos de dor. E digo ainda a mim mesmo: quando muitos milhões de homens, sem paixão, sem hostilidade, sem sentimentos pessoais de qualquer tipo, lhe pedem apenas uns poucos xelins, sem que sua natureza lhes possibilite retirar ou alterar a exigência atual e sem a possibilidade de você, por seu lado, fazer um apelo a outros milhões de homens, por que você deveria se expor a tal força bruta avassaladora? Você não resistirá ao frio e à fome, aos ventos e às ondas com tanta obstinação; você submete-se pacificamente a mil imposições similares. Você não coloca a cabeça na fogueira. Mas exatamente na medida em que não considero essa força inteiramente bruta — e sim uma força parcialmente humana — e em que avalio que mantenho relações com esses milhões e com outros muitos milhões de homens — que não são apenas coisas brutas ou sem vida —, vejo também que é possível a apelação: em primeira instância e de pronto, eles podem apelar ao Criador; em segunda instância, podem apelar uns aos outros. Mas se ponho a cabeça no fogo de propósito não há apelo possível a ser feito ao fogo ou ao Criador do fogo, e sou o único culpado pelas consequências. Se eu conseguisse me convencer de que tenho algum direito a me sentir satisfeito com os homens tal como eles são, e a tratá-los de acordo com isso e não parcialmente de acordo com minhas exigências e expectativas de como eles e eu mesmo deveríamos ser, então, como bom muçulmano e fatalista, eu teria que me esforçar para ser feliz com as coisas como elas são e proclamar que tudo se passa segundo a vontade de Deus. E, acima de tudo, há uma diferença entre resistir a essa força e a uma outra puramente bruta ou natural: a diferença é que posso resistir a ela com alguma efetividade. Não posso esperar mudar a natureza das pedras, das árvores e dos animais, tal como Orfeu.

Não quero polemizar com qualquer homem ou nação. Não quero fazer filigranas, estabelecer distinções elaboradas ou colocar-me numa situação superior à dos meus vizinhos. Estou buscando, posso admitir, até mesmo uma desculpa para aceitar as leis do país. Estou preparado até demais para obedecer a elas. Neste particular, tenho motivos para suspeitar de mim mesmo; e, a cada ano, quando se aproxima a época da visita do coletor de impostos, surpreendo-me disposto a revisar os atos e as posições do governo central e do governo estadual, a rever o espírito do povo, para descobrir um pretexto para a obediência.

Devemos ter afeto ao nosso país como aos nossos pais
E se a qualquer tempo alienamos nosso amor ou indústria de fazer-lhes honra,
Devemos respeitar os efeitos e ensinar à alma
Questão de consciência e religião,
*E não desejo de domínio ou benefício.**

Acredito que logo o Estado será capaz de me aliviar de todos os encargos desse tipo e então não serei mais patriota do que o resto dos meus conterrâneos. Encarada de um ponto de vista menos elevado, a Constituição, com todos os seus defeitos, é muito boa; a lei e os tribunais são muito respeitáveis; mesmo o estado de Massachusetts e o governo dos Estados Unidos da América são, em muitos aspectos, coisas admiráveis e bastante maravilhosas, pelas quais devemos ser

---

* Versos de *The Battle of Alcazar* (1594), George Peele. "We must affect our country as our parents,/ And if at any time we alienate/ Out love of industry from doing it honor,/ We must respect effects and teach the soul/ Matter of conscience and religion,/ And not desire of rule or benefit." (N. E.)

A DESOBEDIÊNCIA CIVIL

gratos, tal como nos disseram muitos estudiosos das nossas instituições. Mas se elevarmos um pouco o nosso ponto de vista, elas mos-
tram-se tais como as descrevi; e indo mais além, até chegarmos ao
mais alto, quem será capaz de dizer o que são elas ou quem poderá dizer que sequer vale a pena observá-las ou refletir sobre elas?

Entretanto, não me preocupo muito com o governo, e quero dedicar a ele o menor número possível de reflexões. Mesmo no mundo tal como é agora, não passo muitos momentos sujeito a um
governo. Se um homem é livre de pensamento, livre para fantasiar,
livre de imaginação, de modo que aquilo que *nunca é* lhe parece *ser*
na maior parte do tempo, governantes ou reformadores insensatos
não são capazes de lhe criar impedimentos fatais.

Sei que a maioria dos homens pensa de maneira diferente de
mim; mas não estou nem um pouco mais satisfeito com os homens
que se dedicam profissionalmente a estudar essas questões e a outras parecidas.

Pelo fato de se colocarem tão integralmente dentro da instituição,
os homens de Estado e os legisladores nunca conseguem encará-la
nua e cruamente. Eles gostam de falar sobre mudanças na sociedade,
mas não têm um ponto de apoio situado fora dela. Pode ser que haja
entre eles homens de certa experiência e critério, e evidentemente capazes de criar sistemas engenhosos e até úteis, pelos quais lhes devemos gratidão; mas todo o seu gênio e toda a sua utilidade não
ultrapassam certos limites relativamente estreitos. Eles tendem a es-
quecer que o mundo não é governado por decisões e conveniências.

Webster* nunca chega aos bastidores do governo e, por isso, não
pode ser uma autoridade no assunto. Suas palavras são sábias apenas
para os legisladores que não cogitam fazer qualquer reforma essencial

---

* Daniel Webster (1782-1852) era um senador por Massachusetts à época em que Thoreau compôs seu ensaio. (N. E.)

O TRATADO DA DESOBEDIÊNCIA CIVIL

no governo existente; para as exigências dos pensadores e dos que fazem leis duradouras, ele nem chega a visualizar o assunto. Conheço algumas pessoas cujas especulações serenas e sábias logo revelariam os limites do alcance e da hospitalidade da imaginação de Webster. Mesmo assim, quando comparadas com as paupérrimas declarações da maioria dos reformadores e com a mentalidade e a eloquência ainda piores dos políticos em geral, suas palavras são praticamente as únicas que têm valor e revelam sensibilidade; devemos por isso agradecer ao céu por podermos contar com Webster. Em termos comparativos, ele é sempre impetuoso, original e, acima de tudo, prático; mas sua virtude não é a sabedoria, e sim a prudência. A verdade de um jurista não é a Verdade, mas a consistência, ou uma conveniência consistente. A verdade está sempre em harmonia consigo mesma, e sua importância principal não é a de revelar a justiça que porventura possa conviver com o mal. Webster bem merece o título pelo qual é conhecido: "Defensor da Constituição". De fato, ele não precisa atacar, apenas armar a defesa contra os golpes alheios. Ele não é um líder, e sim um seguidor. Seus líderes são os constitucionalistas de 1787.* Eis suas próprias palavras: "Nunca tomei e nunca pretendo tomar uma iniciativa; nunca apoiei ou pretendo apoiar uma iniciativa — que vise desmanchar o acordo original pelo qual os diversos estados formaram a União". Ao comentar a cobertura que a Constituição dá à escravidão, diz ele: "Já que é parte do pacto original, que continue a escravidão". Apesar da sua agudeza e habilidade especiais, ele não consegue isolar um fato das suas relações meramente políticas para contemplá-lo nos termos absolutos exigidos para seu aproveitamento pelo intelecto — por exemplo, o que se

---

* Ano da Convenção da Filadélfia. Dela resultou a Constituição dos Estados Unidos da América. Entre os participantes, estavam nomes como James Madison, Alexander Hamilton e George Washington. (N. E.)

A DESOBEDIÊNCIA CIVIL

impõe moralmente hoje em dia nos Estados Unidos no tocante a agir frente à escravidão; no entanto, ele arrisca-se ou é levado a formular uma resposta desesperada tal como a que se segue, e insiste que fala em termos absolutos, como um homem particular: "A forma pela qual os governos dos estados onde existe escravidão decidem regulamentá-la é matéria da sua própria deliberação, pela qual são responsáveis perante os seus cidadãos, perante as leis gerais da propriedade, da humanidade e da justiça, e perante Deus. Quaisquer associações formadas em outro lugar, mesmo oriundas de um sentimento de compaixão humana, ou com qualquer outra origem, nada têm a ver com o assunto. Nunca lhes dei qualquer apoio, e nunca darei". Que novo e original código de obrigações sociais pode ser inferido de palavras como estas?*

Aqueles que não conhecem fontes mais puras da verdade, que traçaram sua corrente não mais alto que na Bíblia e na Constituição, e que assim permanecem, sabiamente permanecem, será delas que eles a sorverão, com reverência e humildade; mas aqueles que percebem de onde a verdade vem, alimentando esse lago ou aquela lagoa, é preciso preparar de novo o corpo para continuar a peregrinação, até chegar à nascente.

Ainda não surgiu um homem dotado de gênio para legislar no nosso país. Homens assim são raros na história mundial. Oradores, políticos e homens eloquentes existem aos milhares; mas ainda estamos por ouvir a voz do orador capaz de solucionar as complexas questões do dia a dia. Amamos a eloquência pelos seus méritos próprios, e não pela sua capacidade de pronunciar uma verdade qualquer nem pela possibilidade de inspirar algum heroísmo. Nossos legisladores ainda não aprenderam a distinguir o valor relativo do

---

* Inseri estes trechos do discurso de Webster depois de ter proferido a conferência. (N. A.)

O TRATADO DA DESOBEDIÊNCIA CIVIL

livre-comércio frente à liberdade, à união e à retidão. Eles não têm gênio ou talento nem para as questões relativamente simplórias dos impostos, das finanças, do comércio e da indústria, da agricultura. A América do Norte não conseguiria manter sua posição entre as nações por muito tempo se fôssemos abandonados à esperteza palavrosa dos congressistas; felizmente contamos com a experiência madura e com os protestos efetivos do nosso povo. Talvez eu não tenha o direito de afirmar isto, mas o Novo Testamento foi escrito há 1.800 anos; no entanto onde está o legislador suficientemente sábio e prático para se aproveitar de tudo o que esse texto ensina sobre a ciência da legislação?

A autoridade do governo, mesmo do governo ao qual estou disposto a me submeter — pois obedecerei com satisfação aos que saibam e façam melhor do que eu e, sob certos aspectos, obedecerei até aos que não saibam nem façam as coisas tão bem —, é ainda impura; para ser inteiramente justa, ela precisa contar com a sanção e com o consentimento dos governados. Ele não pode ter sobre a minha pessoa e meus bens qualquer direito puro além do que eu lhe concedo. O progresso de uma monarquia absoluta para uma monarquia constitucional, e desta para uma democracia, é um progresso no sentido do verdadeiro respeito pelo indivíduo. Será que a democracia tal como a conhecemos é o último aperfeiçoamento possível em termos de construir governos? Não será possível dar um passo a mais no sentido de reconhecer e organizar os direitos do homem? Nunca haverá um Estado realmente livre e esclarecido até que ele venha a reconhecer no indivíduo um poder maior e independente — do qual a organização política deriva seu próprio poder e sua própria autoridade — e até que o indivíduo venha a receber um tratamento correspondente. Fico imaginando, e com prazer, um Estado que possa enfim se dar ao luxo de ser justo com todos os homens e de

A DESOBEDIÊNCIA CIVIL

tratar o indivíduo respeitosamente, como um vizinho; imagino um Estado que sequer consideraria um perigo à sua tranquilidade a existência de alguns poucos homens que vivessem à parte dele, sem nele se intrometerem nem serem por ele abrangidos, e que desempenhassem todos os deveres de vizinhos e de seres humanos. Um Estado que produzisse essa espécie de fruto, e que estivesse disposto a deixá-lo cair logo que amadurecesse, abriria caminho para um Estado ainda mais perfeito e glorioso; um Estado que já imaginei, mas nunca o encontrei em lugar nenhum.

LEIA TAMBÉM:

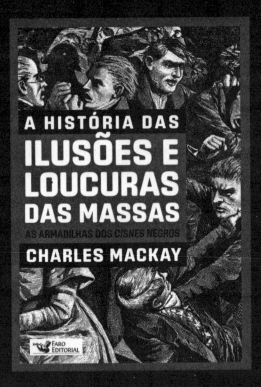

Registros das ilusões populares são tão antigos, espalharam-se e duraram tanto tempo que cinquenta volumes não seriam suficientes para detalhar sua história. Segundo o autor, este livro deve ser considerado apenas um capítulo no terrível *Livro da demência humana*, que ainda está por ser escrito! Estão incluídos alguns temas mais leves — porque apesar de tudo são preferíveis exemplos engraçados da propensão do povo à imitação e à teimosia do que de demência e ilusão.

Cada época tem seu desvario peculiar — algum esquema, projeto ou fantasia em que mergulhamos, impulsionados pelo amor ao lucro, pela necessidade de excitação ou a simples força da imitação. Fracassando nesses, resta-nos alguma loucura relacionada a causas políticas, religiosas ou ambas.

Esta edição inclui dezenas de ilusões e histerias coletivas contemporâneas ao final de cada capítulo. A Guerra de Canudos, loucuras financeiras do início da república, o Plano Cruzado, o fim do mundo maia e as cruzadas dos tempos modernos.

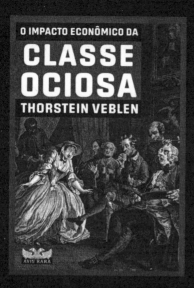 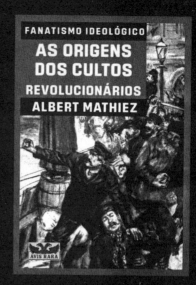

Por maiores que sejam as diferenças de conteúdo discursivo entre o revolucionário que combatia o capitalismo com um fuzil e aquele que combate o machismo com um iPhone, a forma do culto que um e outro praticam é exatamente a mesma.

Quais são as crenças e práticas comuns dos revolucionários? Segundo Mathiez, todas elas derivam dos teóricos iluministas do século XVIII, principalmente Jean-Jacques Rousseau. Esses teóricos "se preocuparam muito com o que hoje chamamos de questão social. Todos construíram mais ou menos sua futura cidade, todos acreditaram na onipotência das instituições sobre a felicidade dos homens". Todos acreditavam "que basta mudar as leis para melhorar a sociedade e até regenerá-la". Em suma, "o homem pode melhorar sua condição indefinidamente, modificando o organismo social. O organismo social pode e deve ser um instrumento de felicidade; (mas) de um instrumento de felicidade a um objeto de veneração, de adoração, há apenas um passo".

Publicado em 1899, sob o título *A teoria da classe ociosa*, o filósofo e economista Thorstein Veblen apresentou seu amplo estudo acerca das relações de consumo numa abordagem multidisciplinar que alcançou grande reputação, que se estendeu muito além da esfera econômica e do mundo acadêmico.

Nesta obra, Veblen analisa a origem e o comportamento da classe ociosa, buscando evidências em dimensões culturais, crenças, hábitos e até instintos para investigar o lugar e o valor dessa classe como fator econômico importante da sociedade de consumo.

Por meio de uma prosa ágil e um humor sutil, Veblen proporciona *insights* admiráveis a respeito do fenômeno do consumismo e da evolução da estrutura de classes.

Passados mais de 130 anos, a obra mantém surpreendente e incômoda atualidade evidenciada, que pode ser comparada também, por exemplo, à ação de celebridades digitais que, como típicos representantes da classe ociosa, utilizam o poder das redes sociais para direcionar o consumo, criar e matar marcas e disseminar a ostentação do século XXI, ratificando as teses desenvolvidas por Veblen em seu trabalho.

ASSINE NOSSA NEWSLETTER E RECEBA INFORMAÇÕES DE TODOS OS LANÇAMENTOS

www.faroeditorial.com.br

CAMPANHA

Há um grande número de pessoas vivendo com HIV e hepatites virais que não se trata. Gratuito e sigiloso, fazer o teste de HIV e hepatite é mais rápido do que ler um livro. FAÇA O TESTE. NÃO FIQUE NA DÚVIDA!

ESTA OBRA FOI IMPRESSA EM MARÇO DE 2023